W9-BMY-887

nikoli

Masyu & Sudoku

STERLING

New York / London
www.sterlingpublishing.com

STERLING and the distinctive Sterling logo are registered trademarks of
Sterling Publishing Co., Inc.

2   4   6   8   10   9   7   5   3   1

Published by Sterling Publishing Co., Inc.
387 Park Avenue South, New York, NY 10016
© 2008 by Nikoli
Distributed in Canada by Sterling Publishing
$^{c}/_{o}$ Canadian Manda Group, 165 Dufferin Street
Toronto, Ontario, Canada M6K 3H6
Distributed in the United Kingdom by GMC Distribution Services
Castle Place, 166 High Street, Lewes, East Sussex, England BN7 1XU
Distributed in Australia by Capricorn Link (Australia) Pty. Ltd.
P.O. Box 704, Windsor, NSW 2756, Australia

Printed in China
All rights reserved

Sterling ISBN-13: 978-1-4027-5874-4
ISBN-10: 1-4027-5874-X

For information about custom editions, special sales, premium and
corporate purchases, please contact Sterling Special Sales
Department at 800-805-5489 or specialsales@sterlingpublishing.com.

CONTENTS

This book is made up of 48 sudoku puzzles and 96 masyu puzzles, all handcrafted by the Japanese puzzle company Nikoli.

To solve sudoku puzzles, all you need to know is this one simple rule:

Fill in the boxes so that the nine rows, the nine columns, and the nine 3×3 sections all contain every digit from 1 to 9.

And that's all there is to it! Using this simple rule, let's see how far we get on this sample puzzle at right. (The letters at the top and left edges of the puzzle are for reference only; you won't see them in the regular puzzles.)

	A	B	C	D	E	F	G	H	I
J									
K					2		1	8	4
L	9		5		7		2		6
M	1		4	3	9	2		7	
N					7		6		
O		7		1	4	8	9		2
P	3		2		6		8		5
Q	8	4	9		3				
R									

The first number that can be filled in is an obvious one: box EN is the only blank box in the center 3×3 section, and all the digits 1 through 9 are represented except for 5. EN must be 5.

The next box is a little trickier to discover. Consider the upper left 3×3 section of the puzzle. Where can a 4 go? It can't go in AK, BK, or CK because row K already has a 4 at IK. It can't go in BJ or BL because column B already has a 4 at BQ. It can't go in CJ because column C already has a 4 at CM. So it must go in AJ.

Another box in that same section that can now be filled is BJ. A 2 can't go in AK, BK, or CK due to the 2 at EK. The 2 at GL rules out a 2 at BL. And the 2 at CP means that a 2 can't go in CJ. So BJ must contain the 2. It is worth noting that this 2 couldn't have been placed without the 4 at AJ in place. Many of the puzzles rely on this type of steppingstone behavior.

We now have a grid as shown.

Let's examine column A. There are four blank boxes in column A; in which blank box must the 2 be placed? It can't be AK because of the 2 in EK (and the 2 in BJ). It can't be AO because of the 2 in IO. It can't be AR because of the 2 in CP. Thus, it must be AN that has the 2.

	A	B	C	D	E	F	G	H	I
J	4	2							
K					2		1	8	4
L	9		5		7		2		6
M	1		4	3	9	2		7	
N					7	5	6		
O		7		1	4	8	9		2
P	3		2		6		8		5
Q	8	4	9		3				
R									

By the 9's in AL, EM, and CQ, box BN must be 9. Do you see how?

We can now determine the value for box IM. Looking at row M and then column I, we find all the digits 1 through 9 are represented but 8. IM must be 8.

This brief example of some of the techniques leaves us with the grid at right.

You should now be able to use what you learned to fill in CN followed by BL, then HL followed by DL and FL.

As you keep going through this puzzle, you'll find it gets easier as you fill in more. And as you keep working through the puzzles in this book, you'll find it gets easier and more fun each time. The final answer is shown below.

	A	B	C	D	E	F	G	H	I
J	4	2							
K					2		1	8	4
L	9		5		7		2		6
M	1		4	3	9	2		7	8
N	2	9		7	5	6			
O		7		1	4	8	9		2
P	3		2		6		8		5
Q	8	4	9		3				
R									

	A	B	C	D	E	F	G	H	I
J	4	2	1	6	8	3	5	9	7
K	7	3	6	5	2	9	1	8	4
L	9	8	5	4	7	1	2	3	6
M	1	5	4	3	9	2	6	7	8
N	2	9	8	7	5	6	4	1	3
O	6	7	3	1	4	8	9	5	2
P	3	1	2	9	6	7	8	4	5
Q	8	4	9	2	3	5	7	6	1
R	5	6	7	8	1	4	3	2	9

Masyu puzzles are like mazes without walls. Your goal is to draw a single unbroken loop in the grid that travels horizontally and vertically, never crosses itself, and passes through every white and black circle. There are, however, some extra rules you must follow. When the line passes through a white circle, it must go straight; the line may never turn on a white circle. Additionally, the line must make at least one 90 degree turn on one side of the white circle or the other. (It may turn in both squares, but it is not required to do so.) When the line passes through a black circle, it must turn; the line may never go straight through a black circle. Additionally, the line may not turn again in either of the squares immediately adjacent to the black circle in the path. The line must go straight for two squares before turning again. Note that the path does not have to pass through every square of the grid.

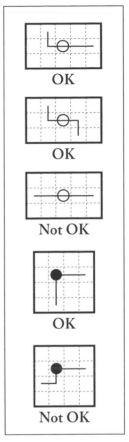

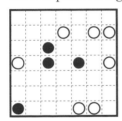

Let's solve a masyu puzzle from beginning to end. From this starting grid, an experienced masyu solver would be able to draw in a number of lines right away. For instance, remember that the path must go straight when it passes through a white circle. That means that whenever a white circle is next to the edge of the board, the path must travel parallel to the edge of the board as it travels through that circle. When there are multiple white circles near each other along the border, we also learn the points where the line turns. Take a look at the two white circles in the lower right. The line has to turn in one square adjacent to each circle, and of the two squares on either side of each circle, one of them is a white circle where the path is not allowed to turn. Therefore the line must turn in the two empty squares on either side of the two adjacent white circles. Similarly, in the upper right, the path cannot turn in the empty space between the two white circles (since the path is a single loop that doesn't branch off from itself), and must therefore turn in the two squares shown.

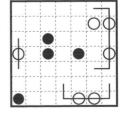

Now let's look at the black circles. The circle in the lower left corner is easy: there are only two directions the line can go, so we can extend the line two squares up from the corner and two squares to the right. (And since we've connected to the line passing through the white circle, we can make a 90 degree turn on the other side of that circle.) Then there are the two vertically adjacent black circles in the third column. Whenever we have two black circles next to each other like this, we can draw a line for each circle that extends directly away from the other circle. Why? Well, imagine that the path extended down from the topmost of the two circles. The path must go straight for two squares from that circle—but then that means the line would be passing straight through the black circle below it, which breaks the rule that the path must turn when it passes through a black circle. So that leaves three directions that the line can travel, and it can't go both to the left and to the right (or it wouldn't be turning as it goes through the black circle), so one of the directions must be straight up.

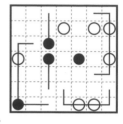

Let's see if drawing those lines has given us any more opportunities to make deductions. Aha—the two unused white circles in the second row are each adjacent to a part of the path that's equivalent to being next to a wall, so we can draw lines through them parallel to the existing lines. And take a look at the lower of the two adjacent black circles: the path can't extend from there to the left, because it would intersect the existing line. Therefore, it must extend to the right, reaching the other black circle in that row. What else can we do? Well, there's only one direction the path in the lower right of the grid can go, so let's extend it one square to the left, out of the corner it's in. Same thing with the line extending to the right from the black circle in the lower left corner: it can only go up, connecting with the path above it.

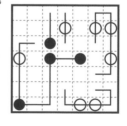

We've got a lot of information now. Take another look at the black circle in the third row. The line can't extend to the right, because the path couldn't go straight for two squares before turning; it would have to turn in the adjacent square. So the line extends to the left, connecting with the path. Follow that path up to the top of the grid. Which direction does it go? It can't go to the left, because that area is blocked off; there's nowhere in that direction to connect with the path. So it turns right instead. Finally, let's look at the black circle in the fifth column. The line must extend from it either up or down—but if it goes up, we're trapped in a dead end that can't get back to the path. Therefore, we extend the line down two squares instead.

Now we've used all the information provided by the circles: we have lines extending in two directions from each black circle, straight lines through each white circle, and each white circle already has at least one turn in the path in an adjacent square. So all that remains is to connect the line segments we have into a single connected loop. We can start in the middle of the sixth row. There's a dead end above that line segment, so it must turn to the right to connect with the path. That blocks off one of the places the line in the lower right could connect; it goes up to connect instead. Now there are just two endpoints left, and there is only one way to connect them: with a straight line. And we're done!

1 EASY

	2			7			4	
4	7						3	9
			1		5			
		5	7			2		
9								3
		7	8		6	1		
			4		8			
6	3						5	8
	8			2			6	

4	8			5				1
				3		4		9
	6	2	8			7		
						8		
3	9						7	2
		1						
		4			9	6	2	
8		9		4				
1				2			3	4

			1	2		8		
	3			9		7	5	
4	5							
			6					2
6	7						9	1
8					3			
							1	4
	9	3		6			7	
		6		7	8			

	8	9				4	3	
4			8		9			7
6				2				5
	5			7			2	
		6	3		1	9		
	3			9			5	
5				8				3
3			6		5			1
	6	2				5	4	

		9				3		5
	8			7			1	
7			1		9			4
				4		9		
	5	6				1	2	
		1		3				
6			4		2			7
	1			9			6	
9		4				5		

6 EASY

					5	4		
	6	1				8		
	8		6		9			
9				6	3			
2	4						6	7
			1	2				5
			2		6		9	
		7				3	8	
		8	9					

		1		7				
	7				8	9	6	
	3		2					4
	5		8		3	2		
2				6				1
		7	5		4		8	
6					9		3	
	1	8	4				9	
				3		5		

8 EASY

7				1				2
	2	4		3		1	7	
	8	1				6	3	
			1		5			
6	9						1	8
			7		6			
	5	8				3	2	
	6	9		5		8	4	
3				2				9

				5				
	2	1				4	9	
	6	9		4		7	3	
			8		9			
3		8				1		7
			4		1			
	3	4		1		9	5	
	7	2				3	1	
				6				

1	2	3						
							5	
9				1		6	7	
6		9						
2			8		6			7
						9		8
	3	1		7				9
		4						
						4	8	3

6	2						1	5
5								3
			8		9			
		1	6		5	2		
		2	3		1	7		
			1		4			
3								6
7	5						3	8

		1	2				5	
	7			8	4			9
	9						3	
5						2		
9								4
		6						8
	4						1	
8			9	3			4	
	3				2	7		

1			2			8		
	2			4			5	
		3			9			7
9			4			3		
	8			5			7	
		4			6			1
6			3			7		
	9			1			8	
		1			5			9

1			4		3	7		2
	9			8			5	
			2		5			
7		3	9			6		
	1			6			2	
		5			1	9		4
			8		2			
	8			3			9	
6		7	5		9			1

	4			6		8		
9			2				4	
		5			1			7
	8		5			1		
4				3				5
		7			4		9	
3			6			4		
	6				7			1
		9		2			6	

	9			8	4			
		6						3
			2				8	
2				1		4		
5			7		3			9
		8		9				6
	4				7			
7						1		
			3	6			2	

17 MEDIUM

	1			6				7
8				2			1	
4					7			
		1	3		6	8		
	5						4	
		9	2		1	7		
			1					6
	7			8				5
5				9			2	

		4	9	1	5	3		
	9			7				1
	5							4
2	1	3				7	6	5
	6						8	
	8			9			3	
		5	6	4	3	2		

19 MEDIUM

1	8							9
2		3				1		7
		4			5	2		
				9				
	9		3		7		4	
				5				
		2	6			3		
7		1				8		4
5							2	1

20 MEDIUM

		5		6		2		
	8						3	
1				7				4
	6						2	
2			5	3	1			8
	4						7	
4				8				6
	3						1	
		7		2		5		

	4							5
		7					3	
2			1			9		
	1			9	2			3
	6			8			5	
7			6	3			4	
		5			6			7
	9					1		
6							8	

						8		
	6				3		7	
	5		8			9		
	9		5					
	4					2		
					4		3	
	7				6		4	
2			9			5		
	3							

			5				1	
	2				9			
		6		3			8	
			4			9		
8				7				3
		1			2			
	9			1		6		
			2				4	
	4				7			

	1	8					3	
9					2		4	5
7					6			
				7		1	2	
			5					
	8	4	3					
			7					6
8	2		6					9
	3					5	8	

		1			2			
					5			6
3				7			8	
			1				7	
	9		2		3			
	4				9			
	6			5				9
7			3					
			6		4			

9					7			6
			3				5	2
		7	8					
		8		7				
	5	4				8	2	
				9		1		
					5	2		
3	8				2			
2			1					4

		1						2
	8				5	3		
2		6		8			9	
				1			8	
		3	9		2	7		
	9			6				
	1			9		2		4
		9	3				1	
6						5		

28 MEDIUM

8		5	2				1	
				7		5		
9				8		6		
	4							5
	9			1			2	
1					7			
	8		3					6
	9		5					
	7				6	3		9

	3			2	7	9	1	
5		8						2
	9		4				5	
		6		8		7		
	4				6		3	
3						4		7
	6	2	1	5			8	

			5		2			
	4		1		7		3	
		1				2		
7	1						5	6
5	6						8	1
		6				8		
	3		7		8		2	
			3		5			

31 MEDIUM

						7		
	2		1					
9			3				6	
7		9	2					
8								5
					9	4		1
	1				4			2
					2		8	
		3						

		6	8	2	3	1		
	5						6	
	6				1	3		
	4		6				8	
		8	5				1	
	7						4	
		3	6	7	2	8		

	2			1			6	
4		8						7
				4		5		
7								
	1		2		3		5	
								8
		4	7					
6						2		9
	5			6			4	

34 MEDIUM

				5				
9		6				3		7
			4		9			
	1						5	
2			6		7			1
	4						9	
			7		1			
7		9				2		6
				3				

35 MEDIUM

		8	1			6		3
	1				7			
5				8				2
1							4	
		9		1		8		
	3							9
9				2				7
			7				8	
6		5			3	9		

44

	5				9	7		
				6			8	
9			5			4		
		8			7			
1	6						5	9
			6			1		
		4			3			6
	8			4				
		1	8				3	

37 MEDIUM

1				7				5
	2				3	4		
		3					2	
			4				6	
8	4			5			9	1
	3				6			
	9					7		
		5	1				8	
4				8				9

38 HARD

	7			4			8	
		2			5			3
		9			3			5
	8			2			4	
1			7			2		
7			5			9		
	2			8			7	

Sudoku 数独 47

	7	9	2					
								6
		8		7		4		3
								5
		1		2		8		
7								
2		6		4		7		
3								
					5	9	6	

					6			
	9			8		4		
5		7					3	
	3			5		8		
			4		2			
		2		1			9	
	8					6		2
		3		9			5	
			7					

				1	4			
	3		9					5
	7			5				8
	2		6					4
	5						3	
3					2		7	
1				4			6	
8					3		9	
			2	7				

9					1			
			3					6
		8					4	
					4		8	9
		2				5		
1	3		6					
	6					3		
4					8			
			7					2

43 HARD

	5	8						3
2			5				7	
4			9			8		
	9	7			1			
				5				
			2			1	3	
		9			8			7
	8				6			9
1						3	4	

	9	1	7					
						3		
					2	6	5	
	8	2	6					
					3	5	9	
	2	8	4					
		6						
					7	9	3	

	2		6		5		3	
		1		4		2		
6				3	1			7
	3		5		8		1	
5			7	9				2
		4		2		1		
	5		1		3		4	

	2					7		
1		3			9		6	
	4					2		
				4				
		5	7		1	8		
			6					
		6					5	
	8		2			4		3
		4					1	

47 HARD

	6		8					5
2		9		5				
7				3				
	5		3					
		8				7		
					2		4	
				4				1
				8		9		3
5					7		8	

	8			3	5	6		
	1						7	
		2						4
		5		1				6
9			4		6			7
1				7		8		
2						3		
	5						9	
		3	5	8			6	

MASYU

49 EASY

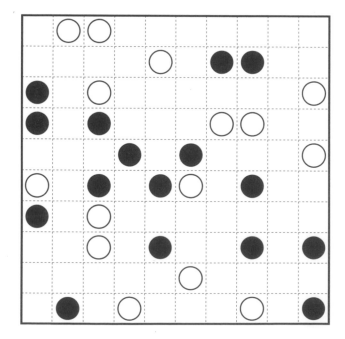

50 EASY

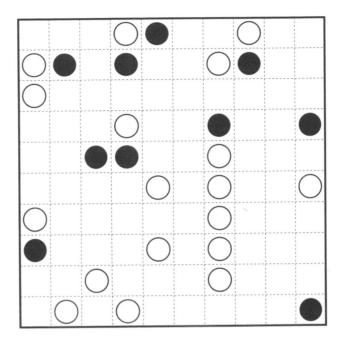

51 EASY

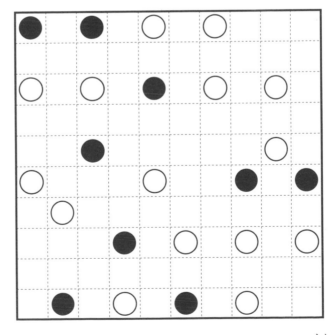

52 EASY

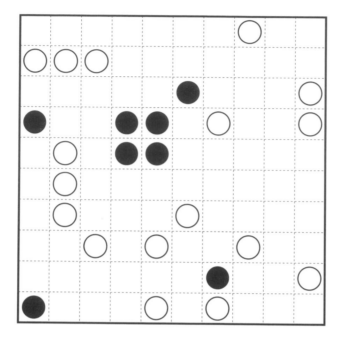

53 EASY

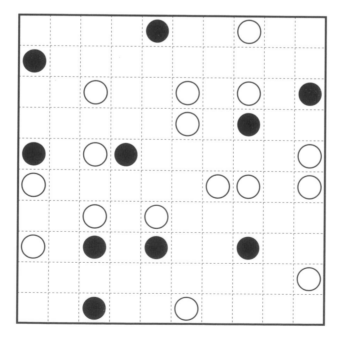

54 EASY

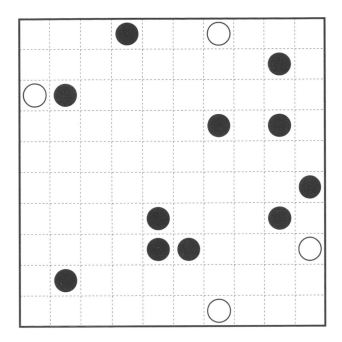

55 EASY

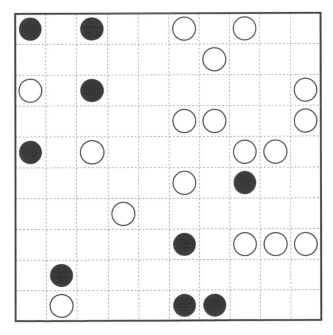

56 EASY

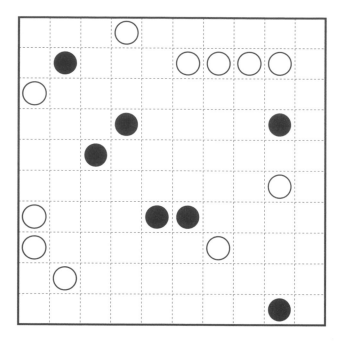

57 EASY

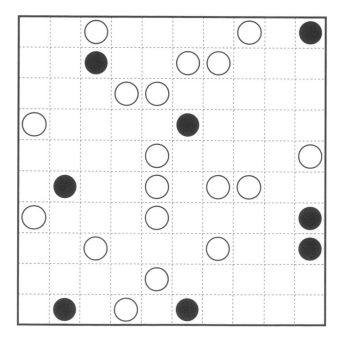

58 EASY

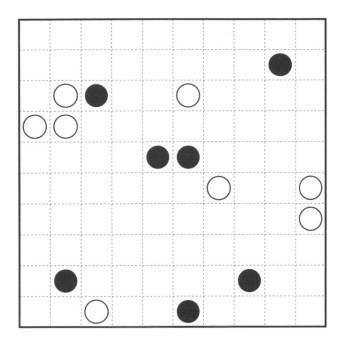

59 EASY

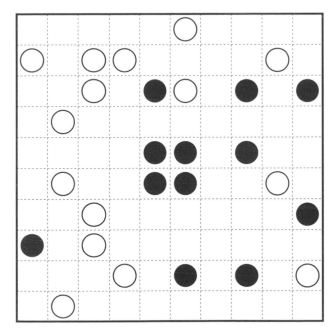

60 EASY

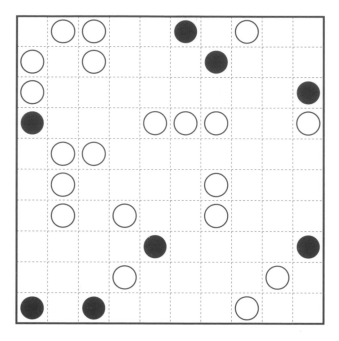

61 EASY

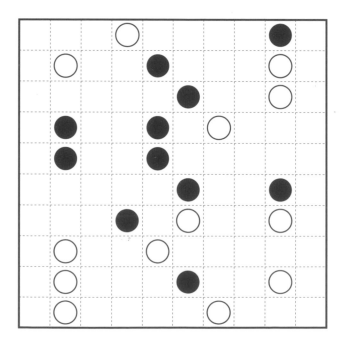

62 EASY

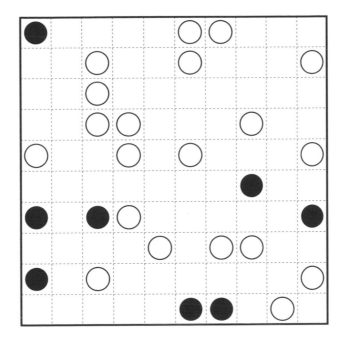

63 EASY

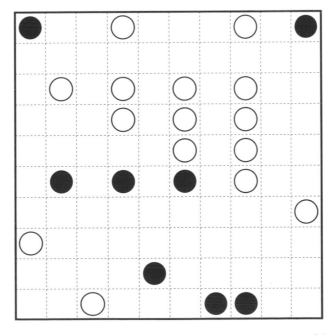

64 EASY

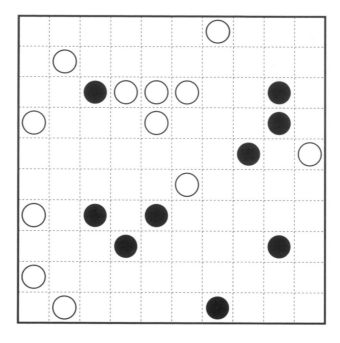

65 EASY

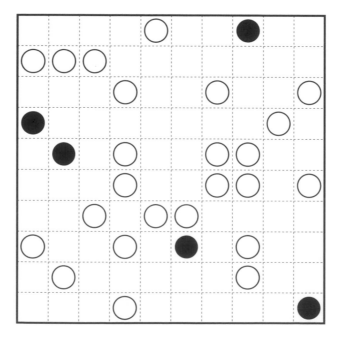

66 EASY

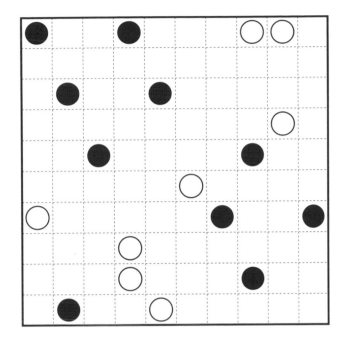

67 EASY

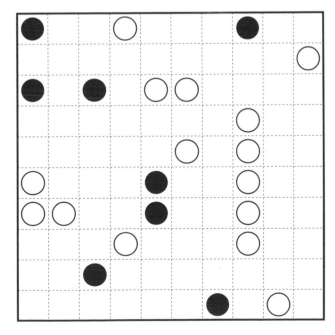

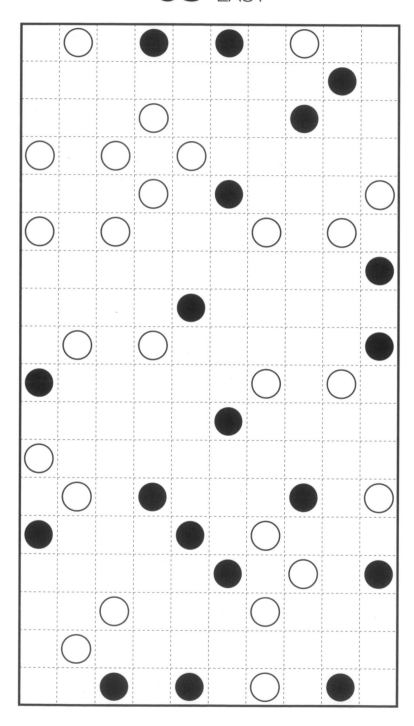

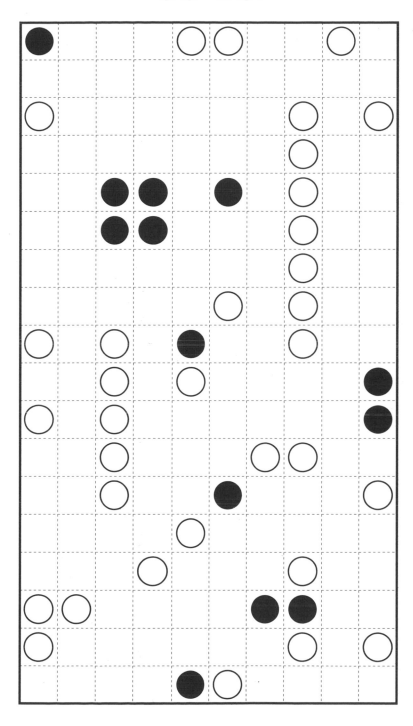

70 EASY

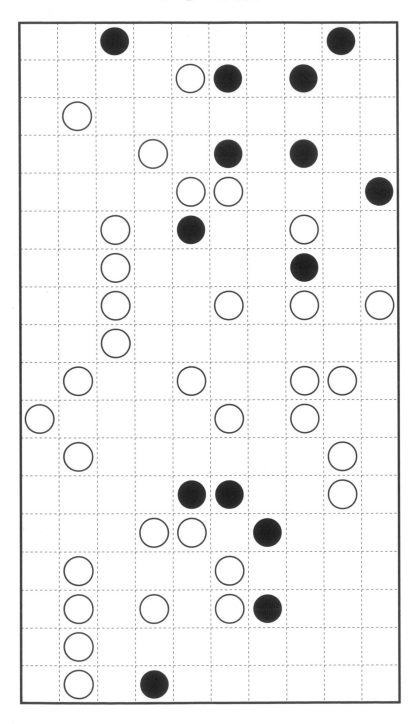

70

71 EASY

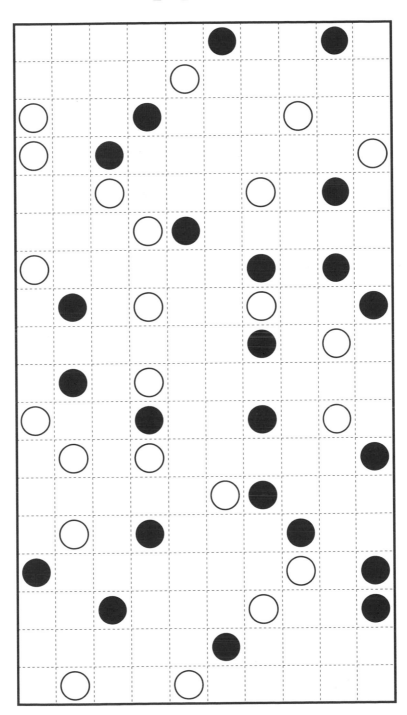

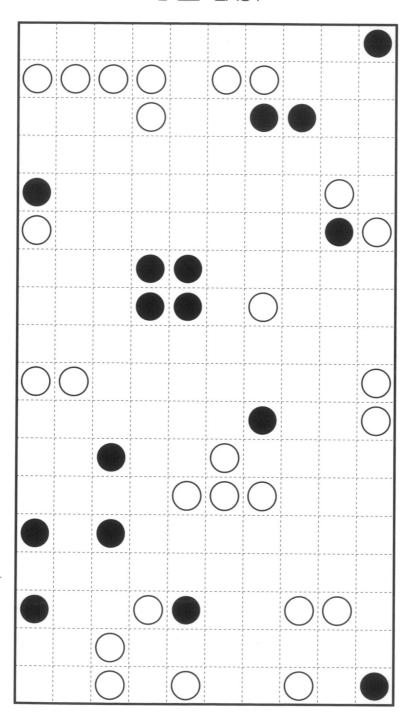

73 EASY

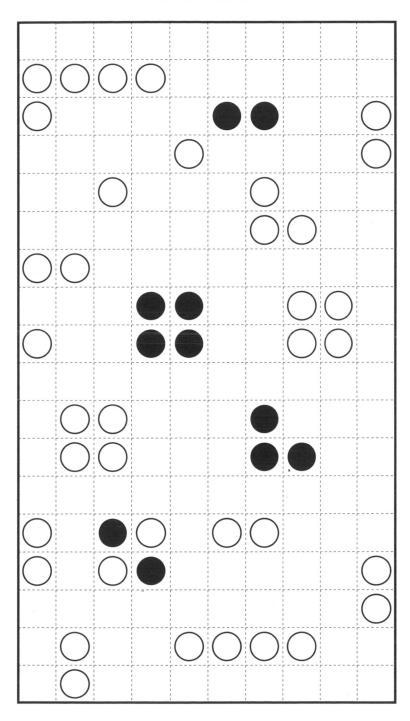

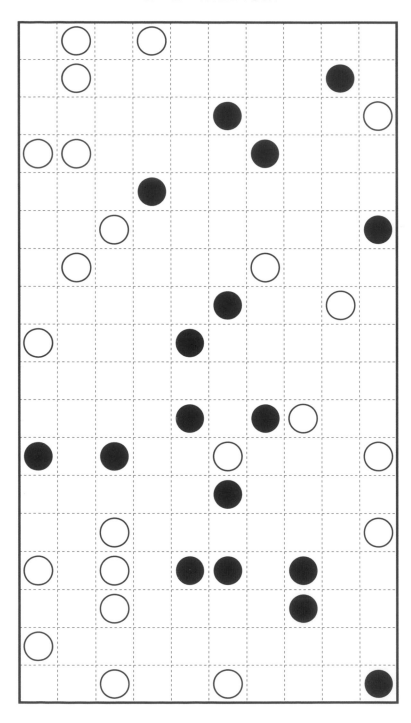

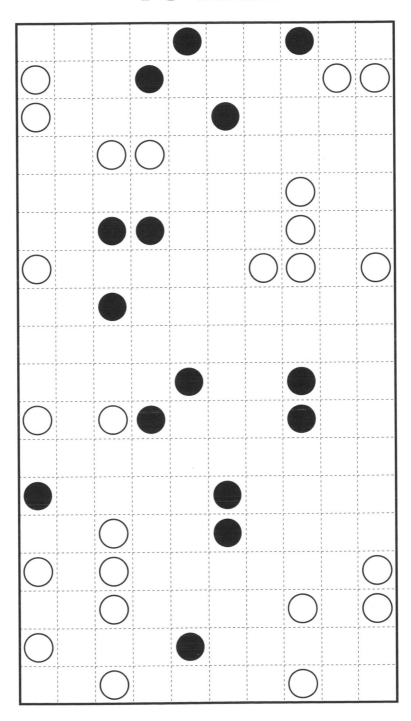

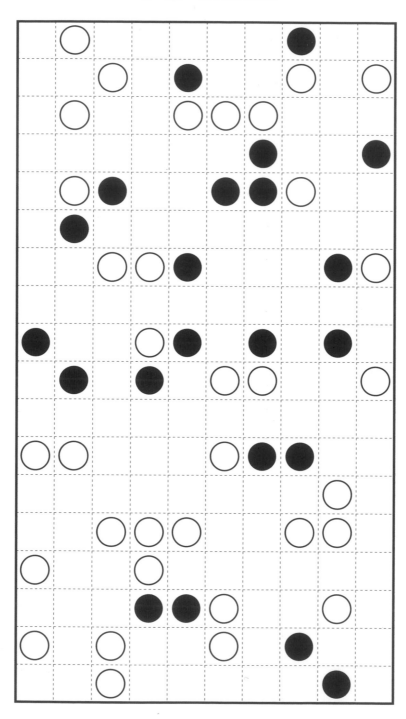

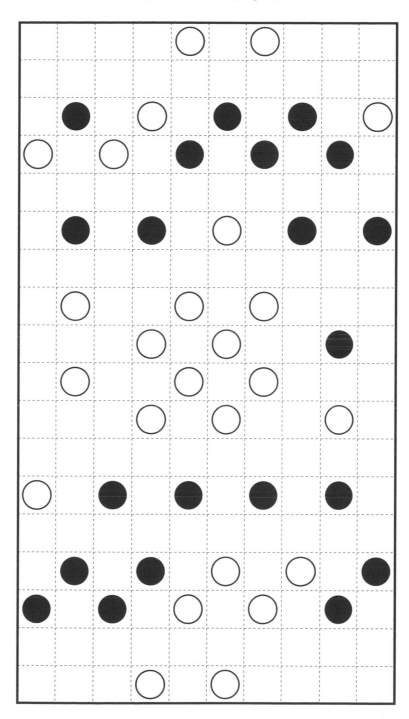

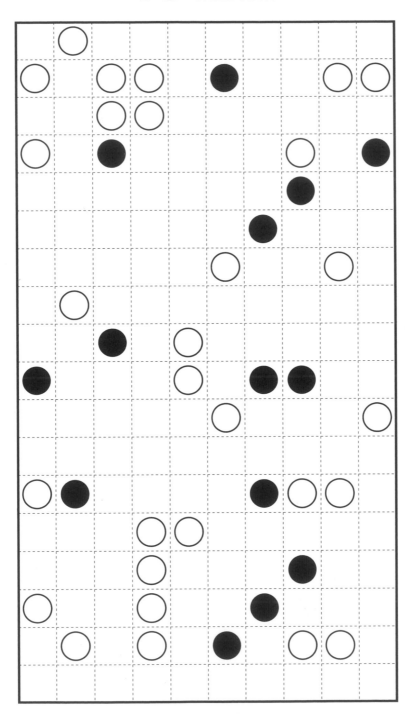

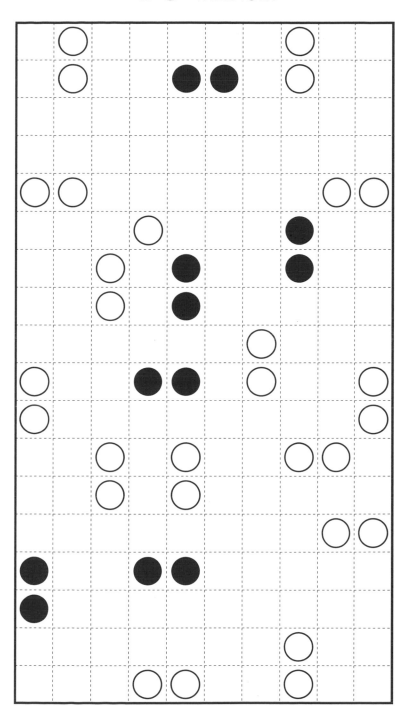

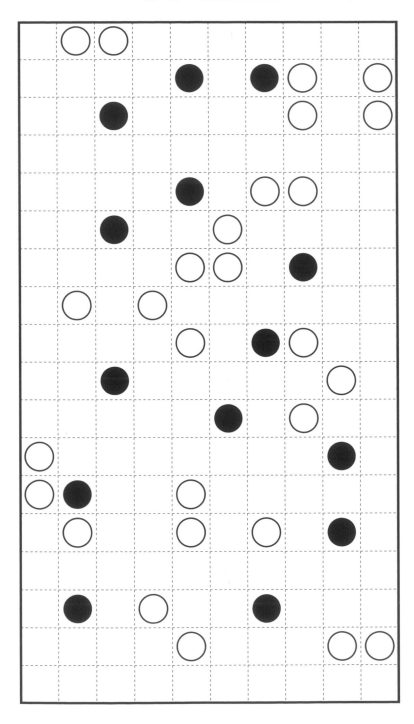

81 MEDIUM

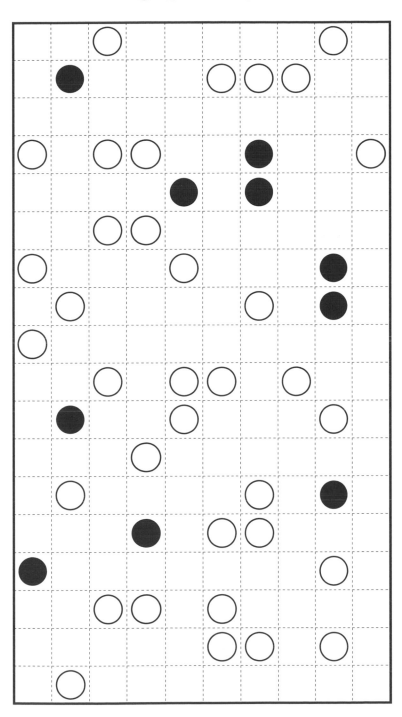

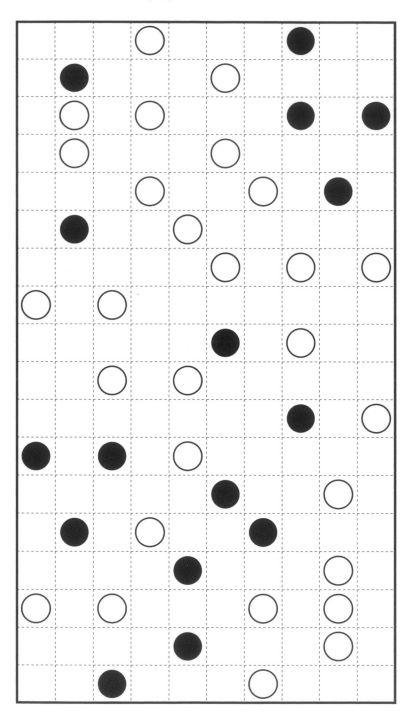

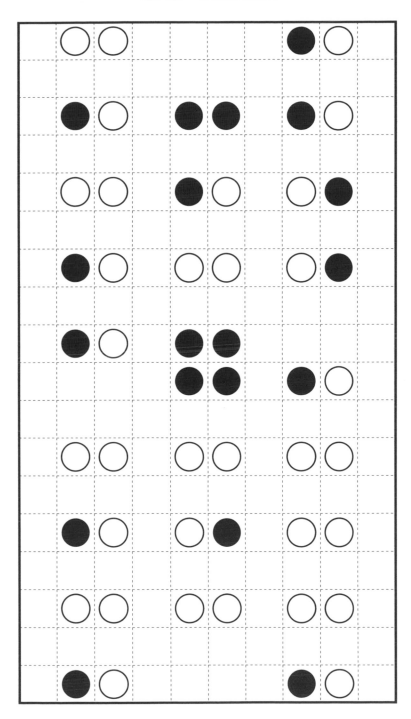

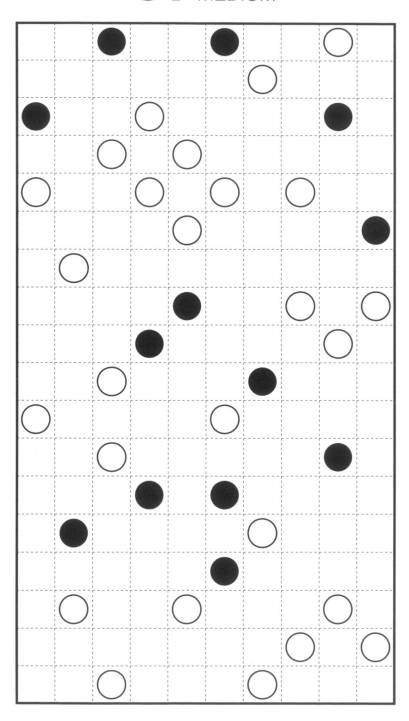

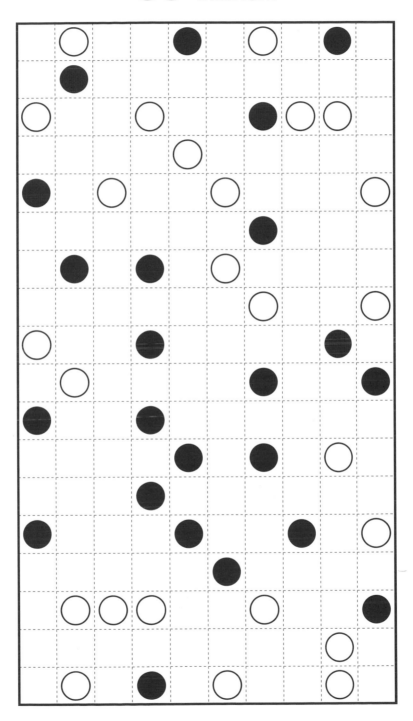

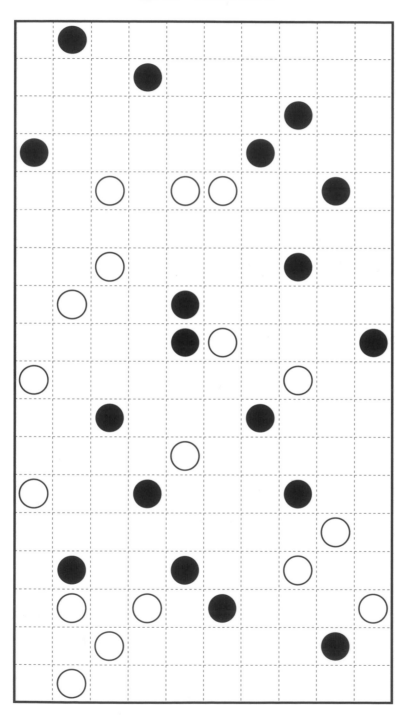

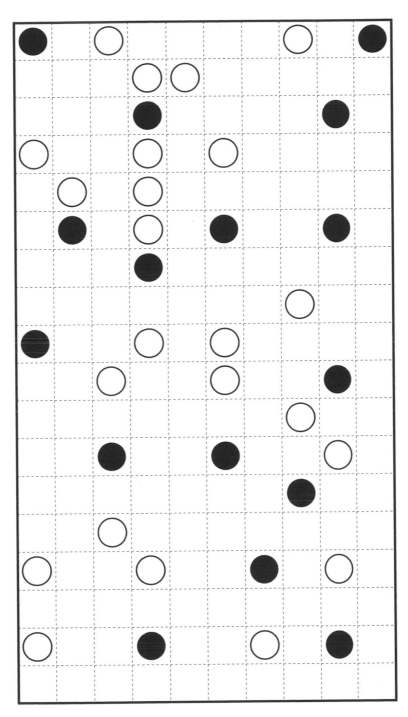

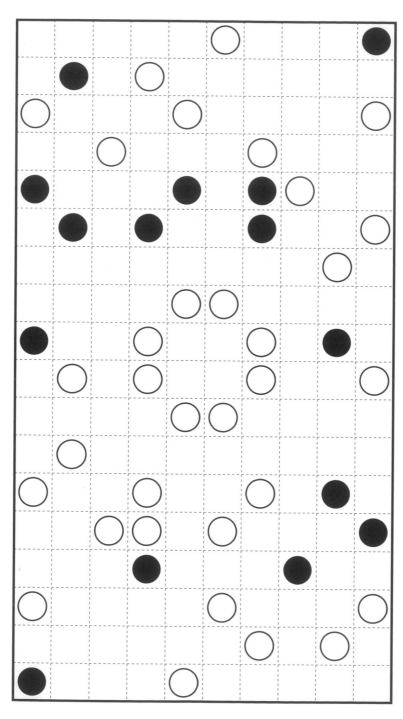

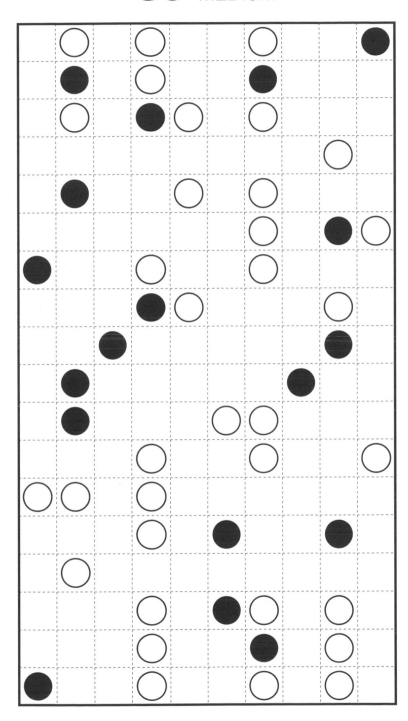

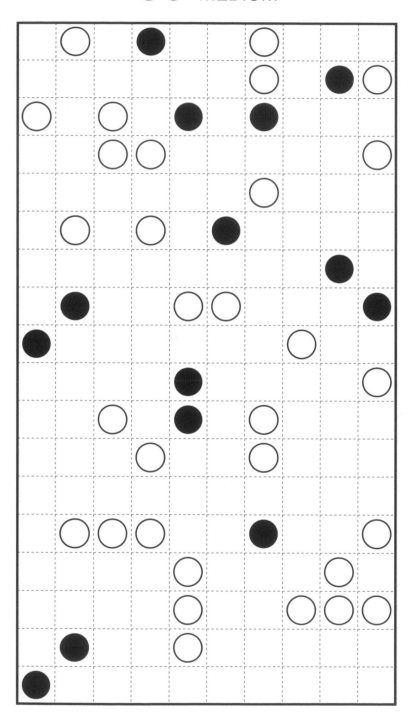

91 MEDIUM

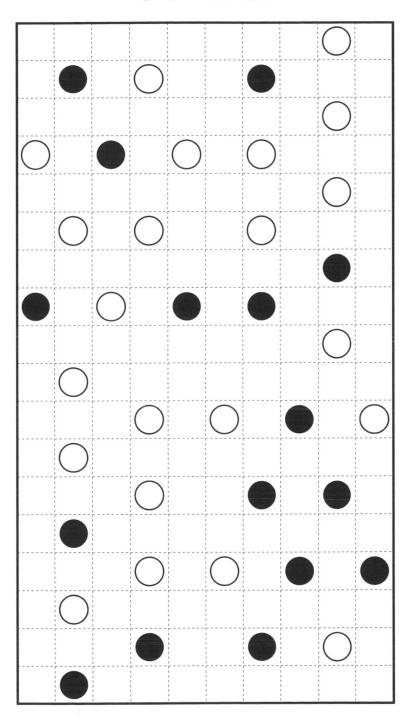

92 MEDIUM

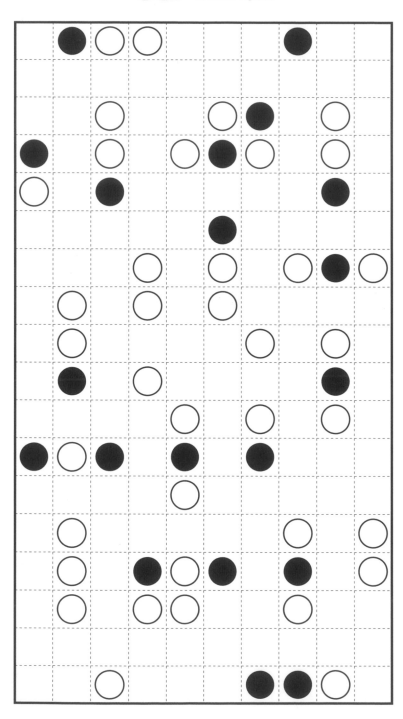

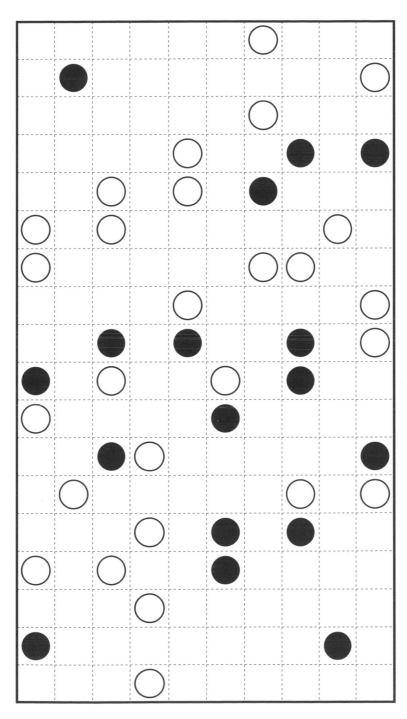

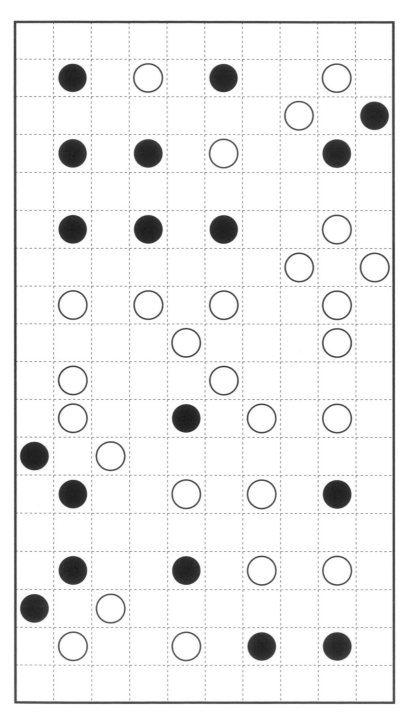

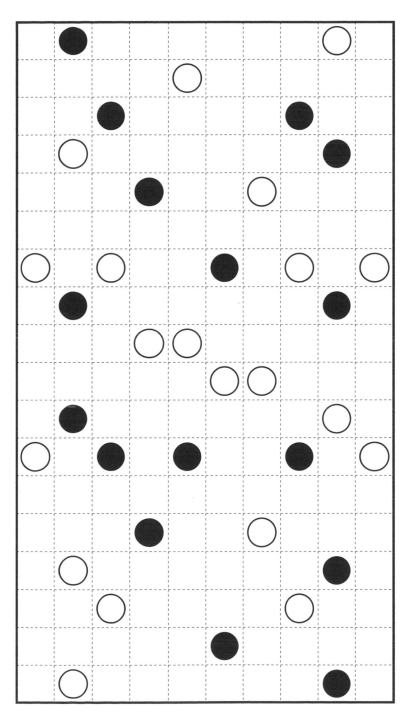

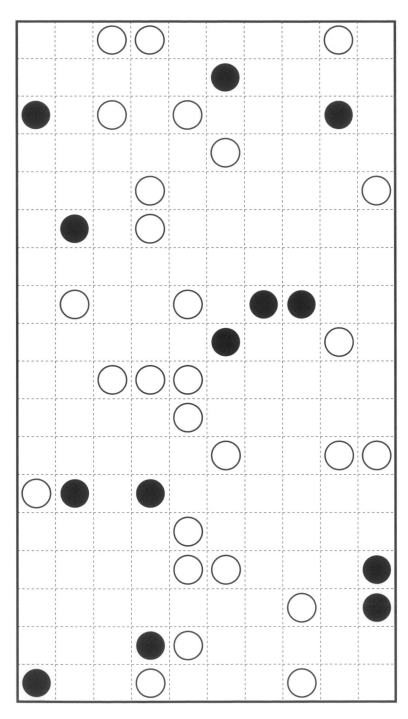

97 MEDIUM

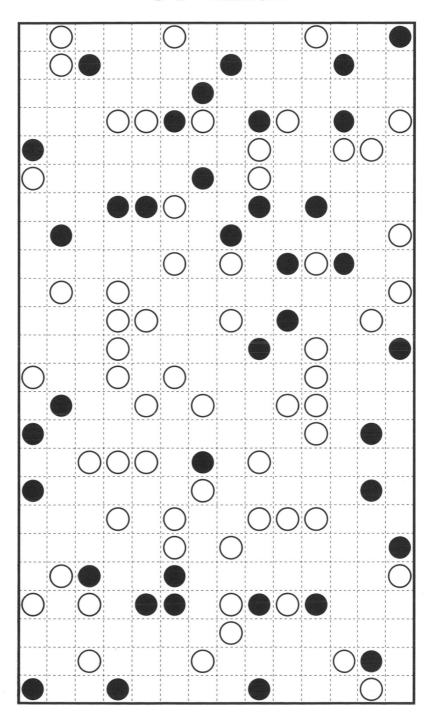

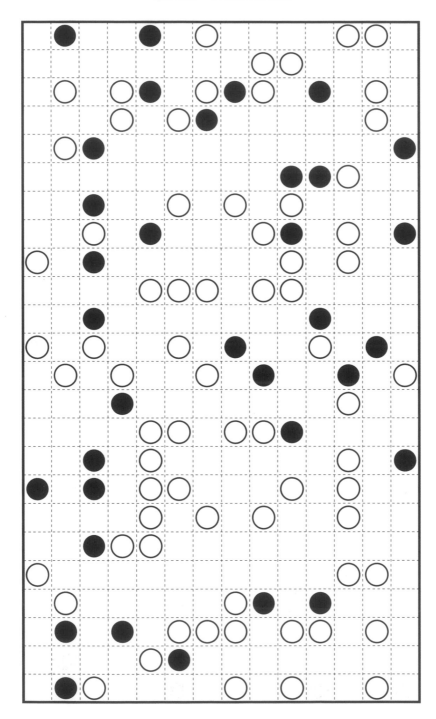

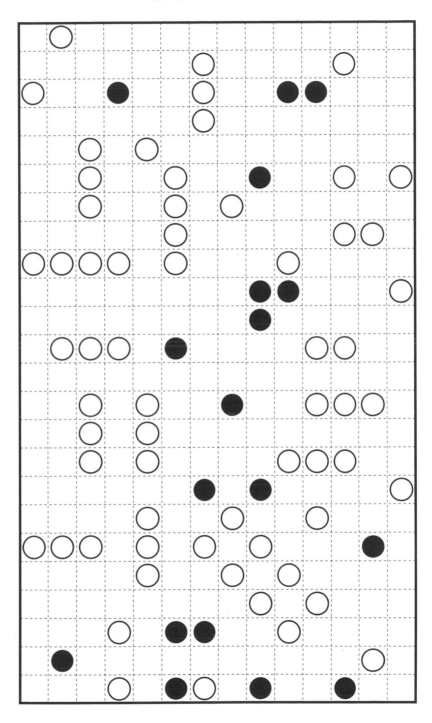

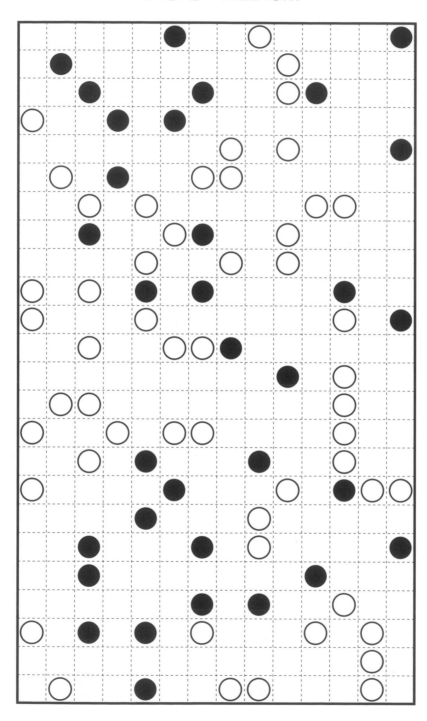

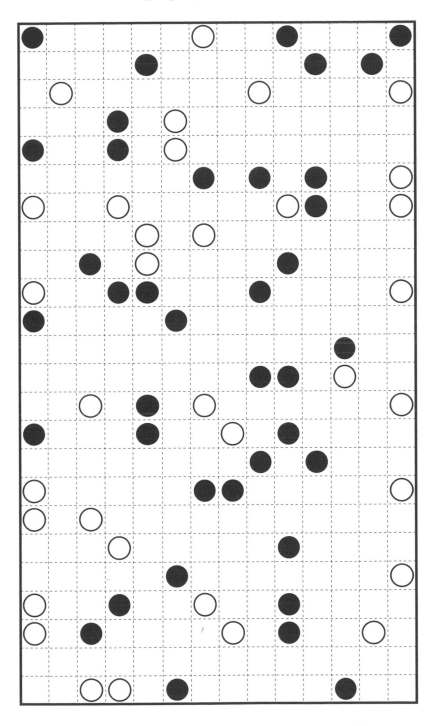

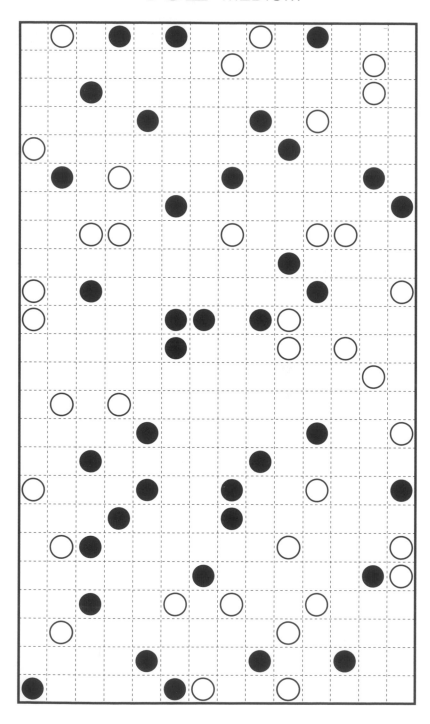

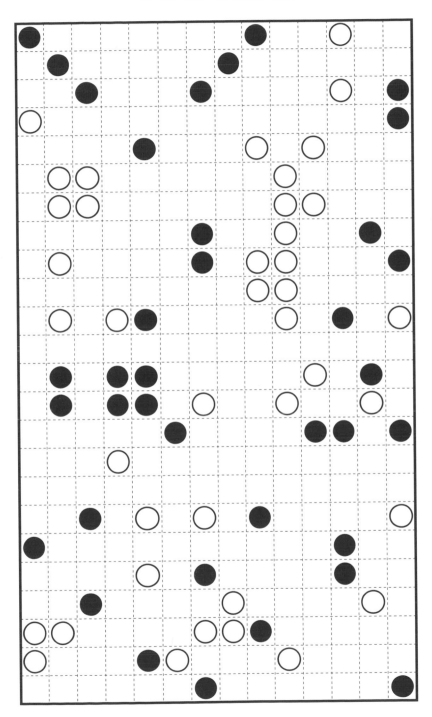

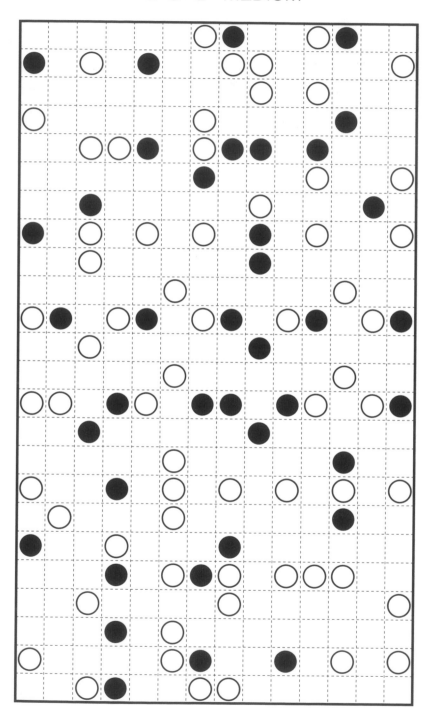

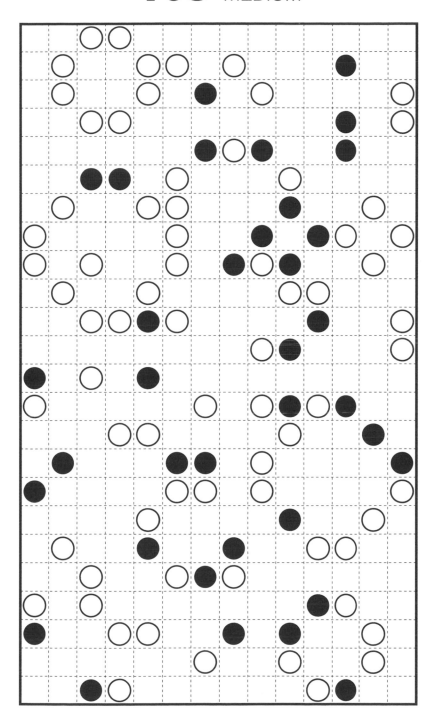

106 MEDIUM

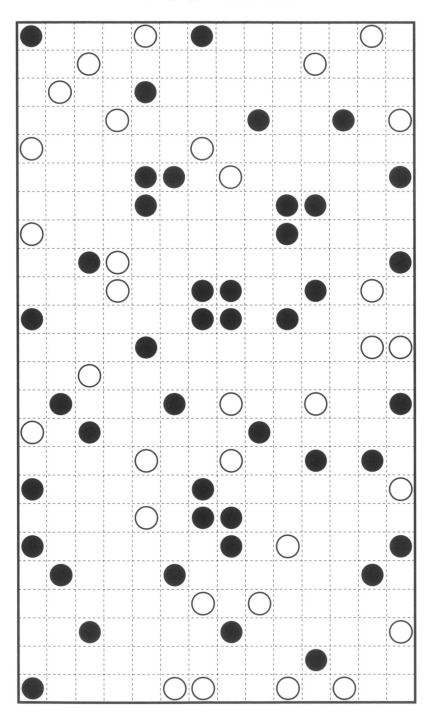

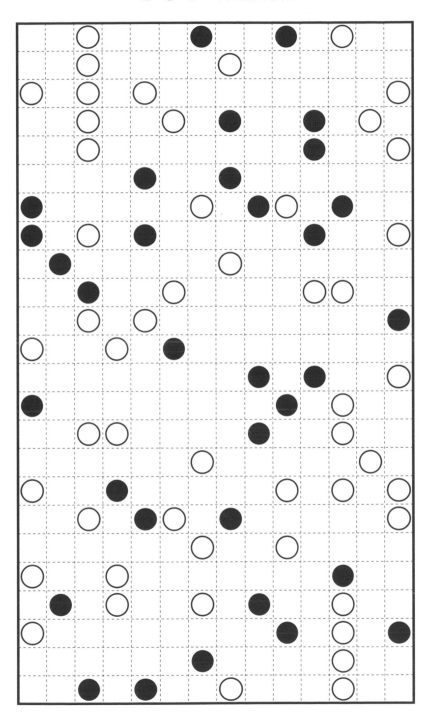

108 MEDIUM

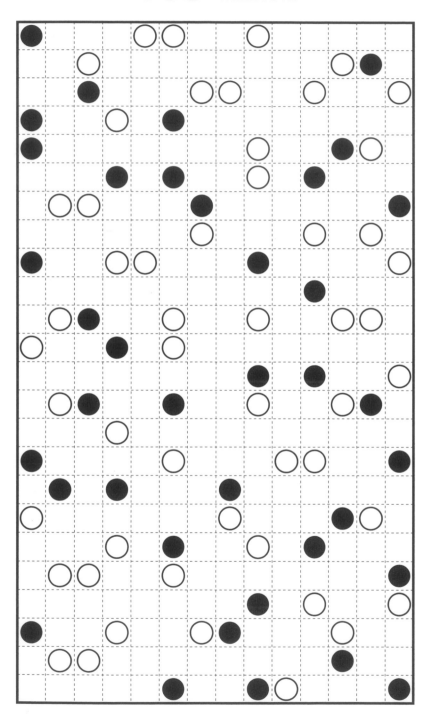

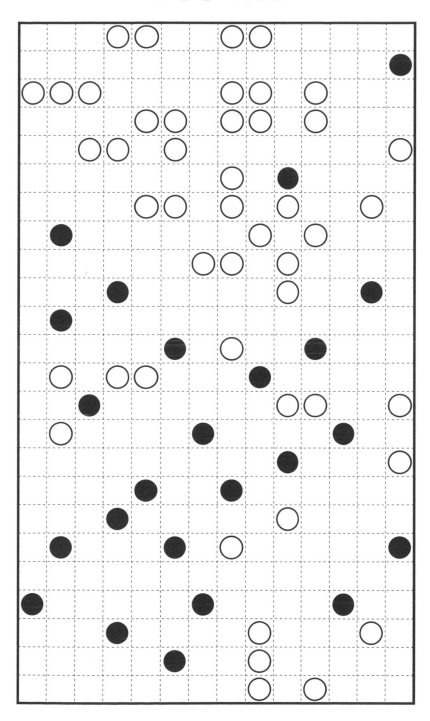

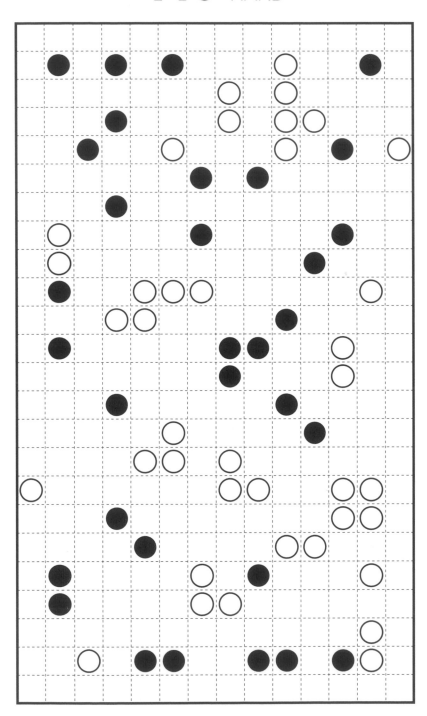

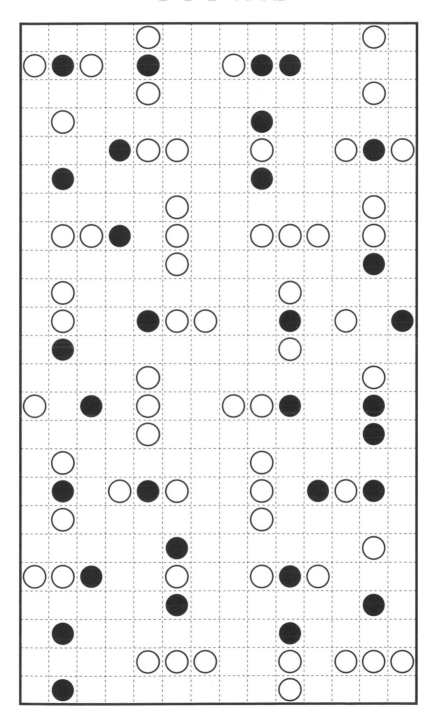

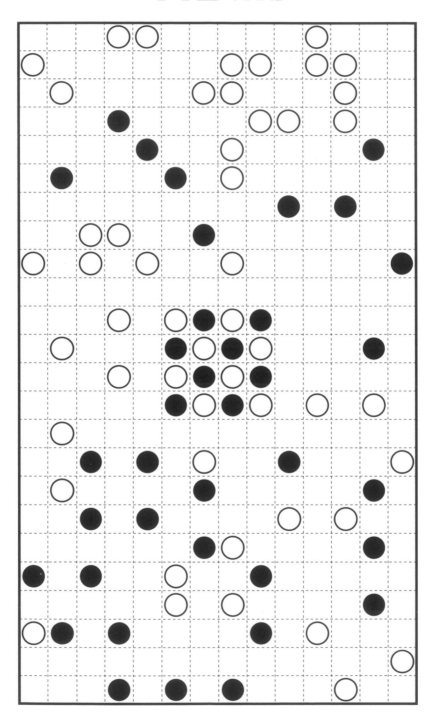

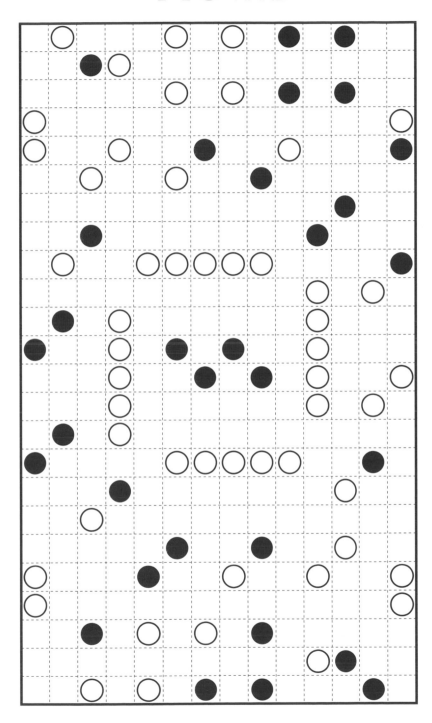

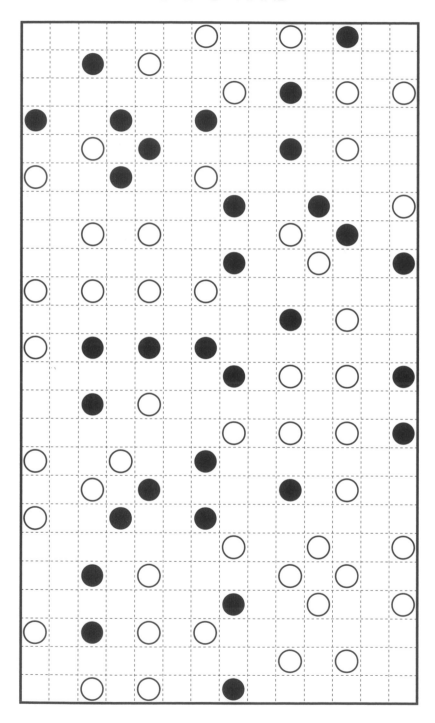

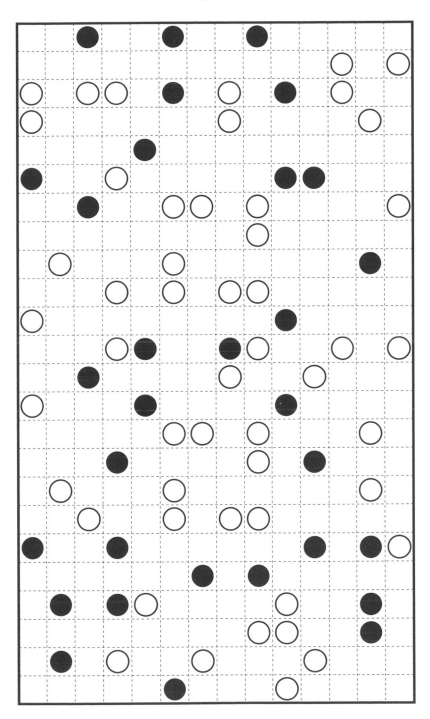

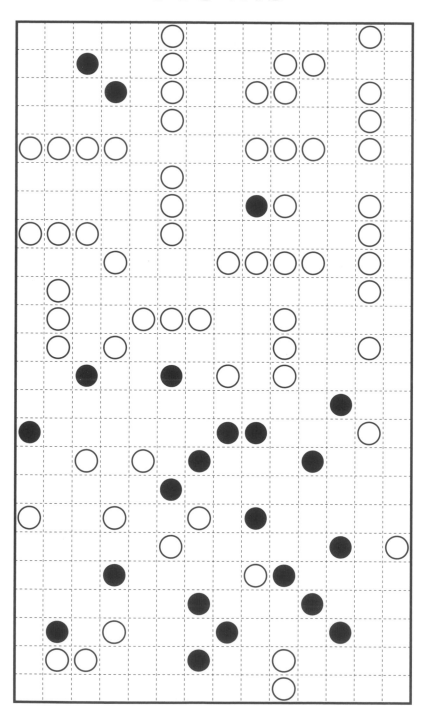

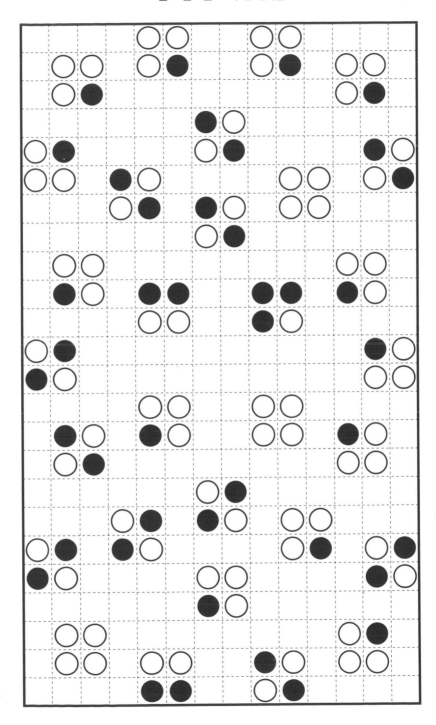

118 HARD

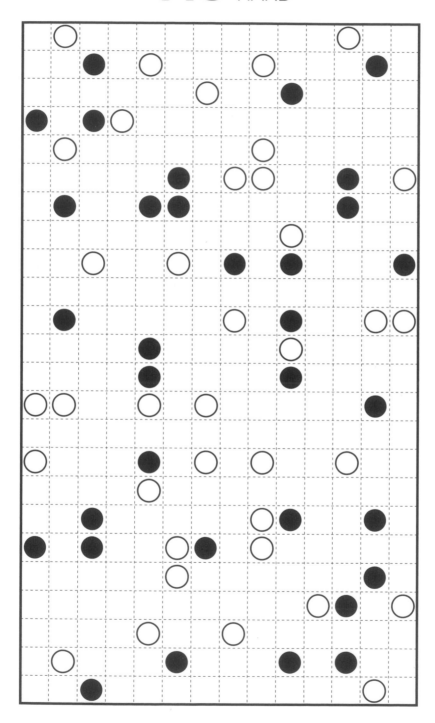

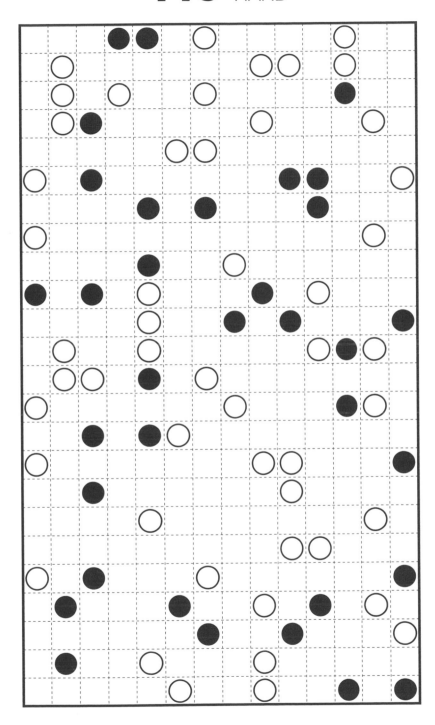

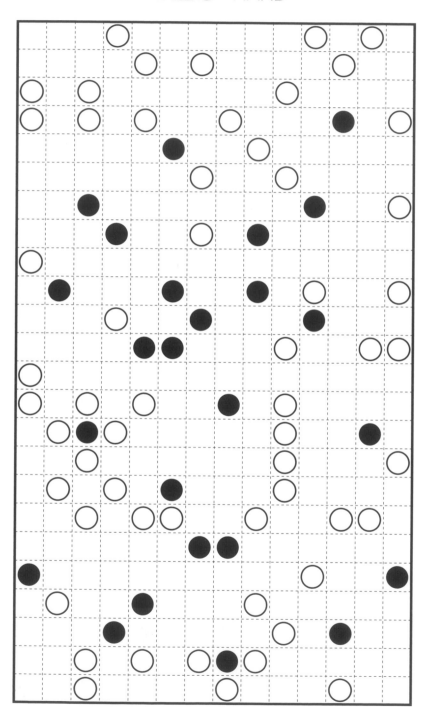

121 HARD

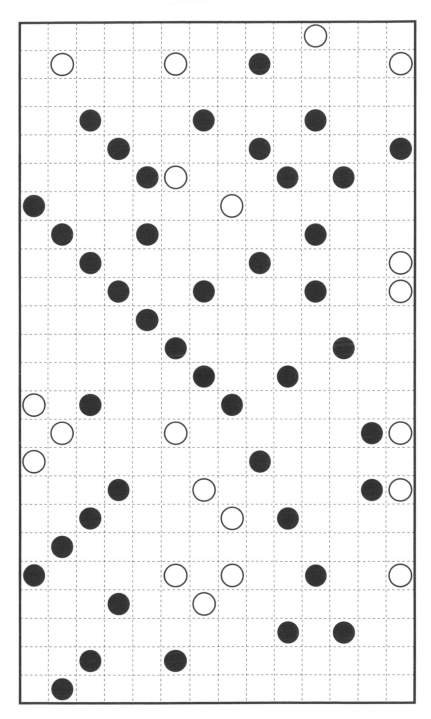

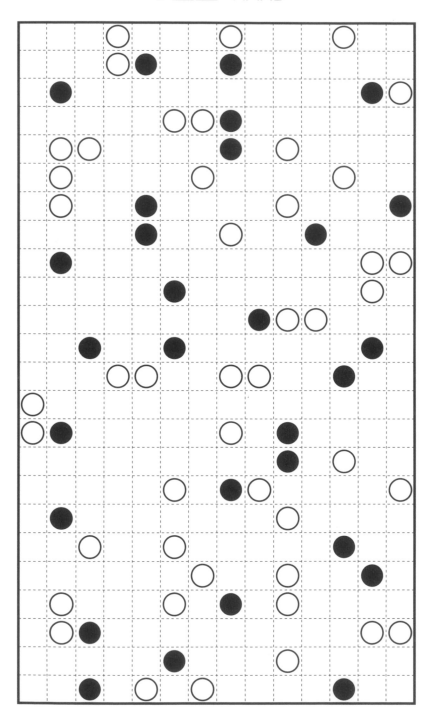

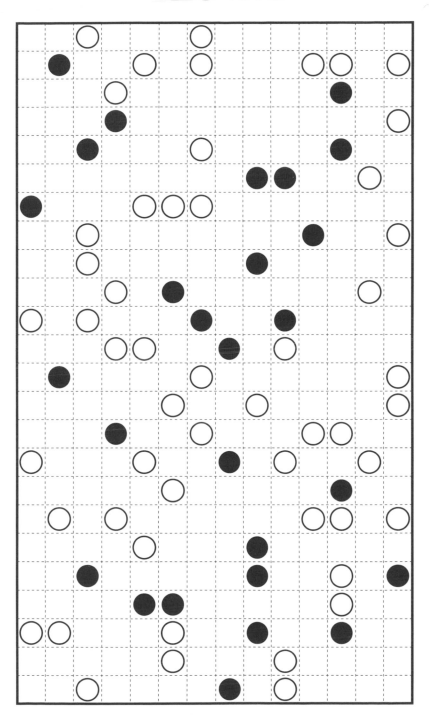

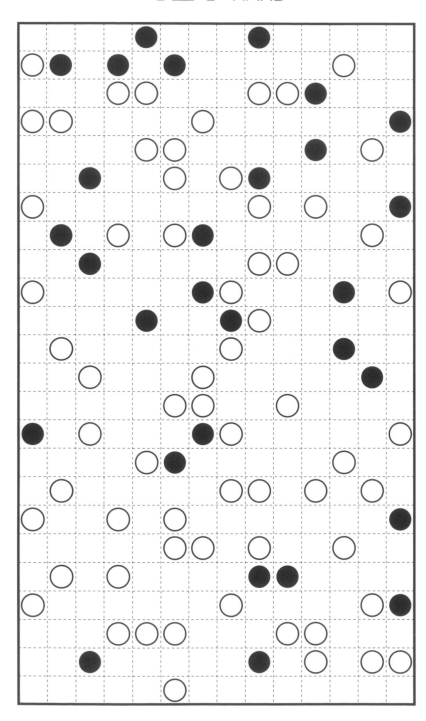

125 HARD

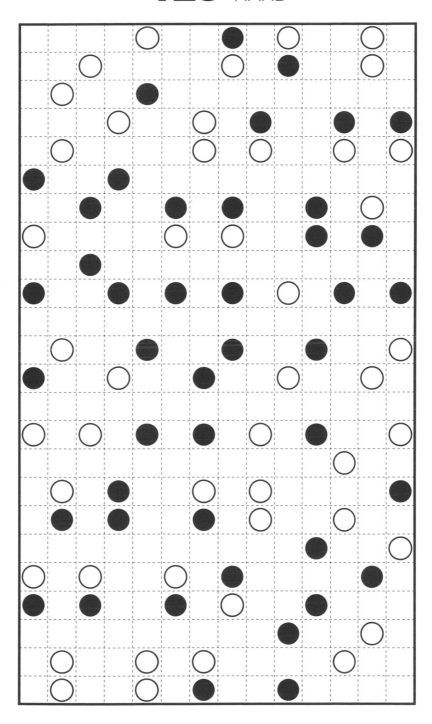

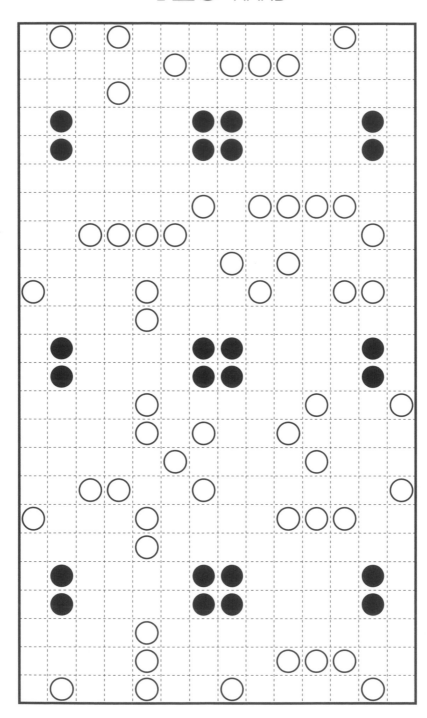

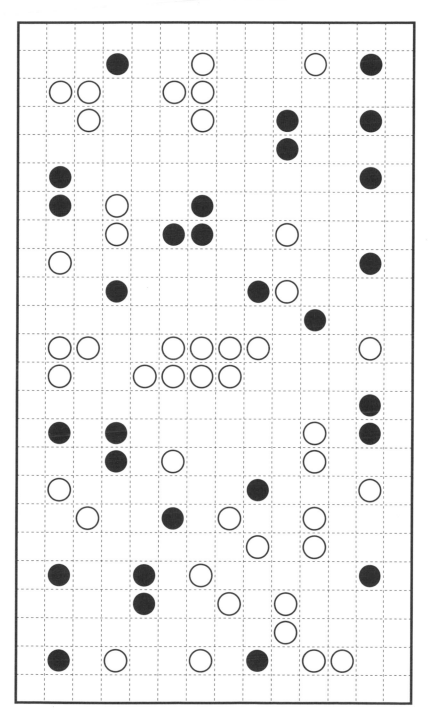

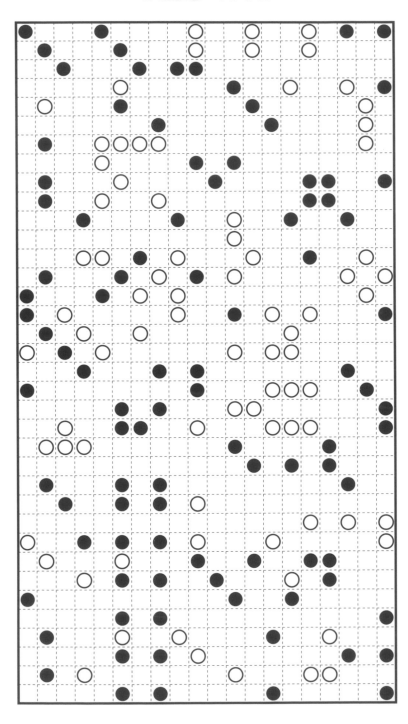

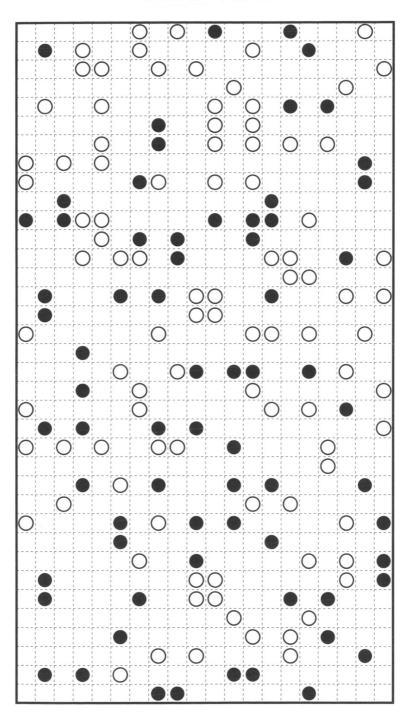

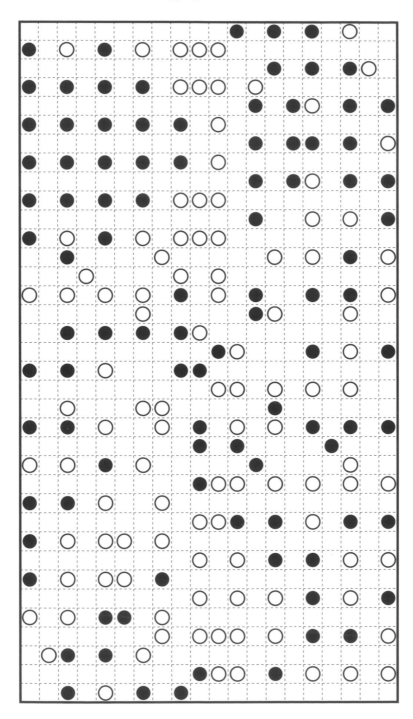

131 HARD

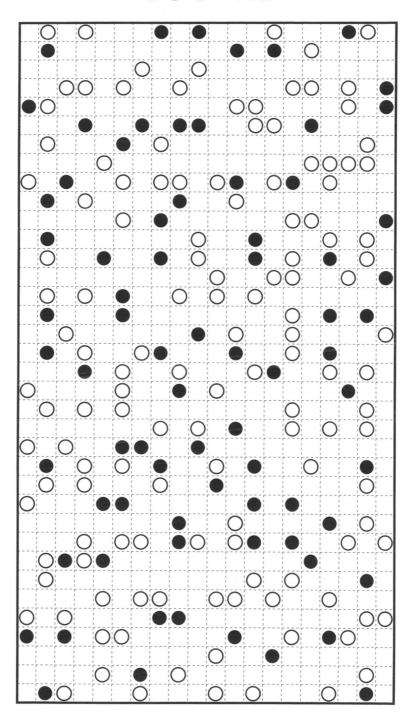

132 HARD

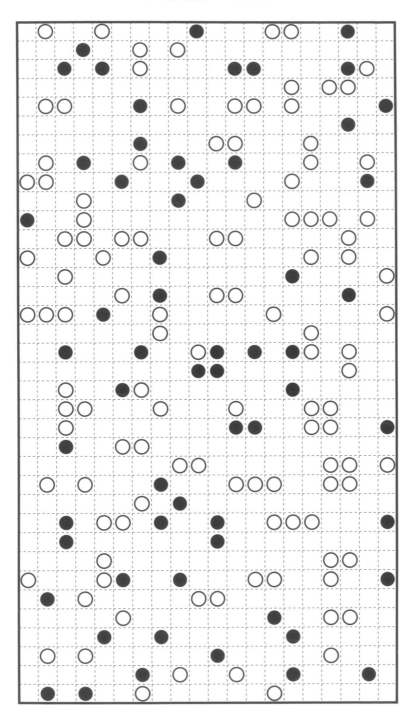

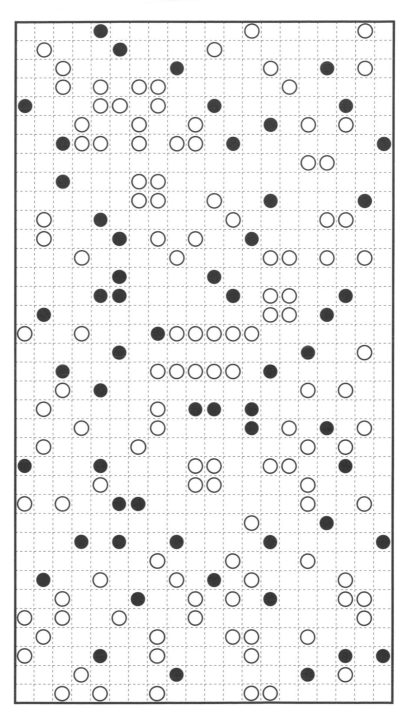

134 HARD

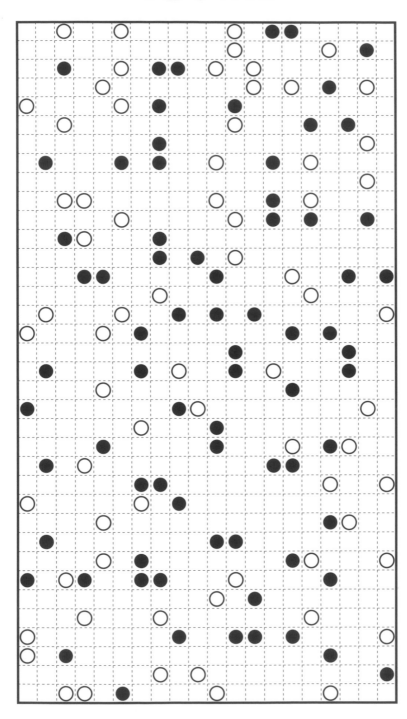

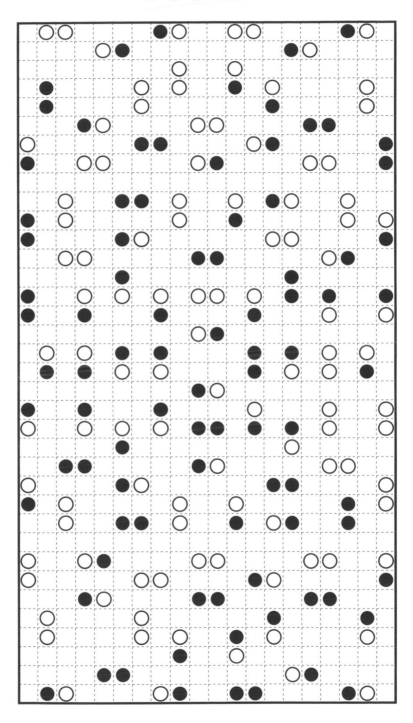

136 HARD

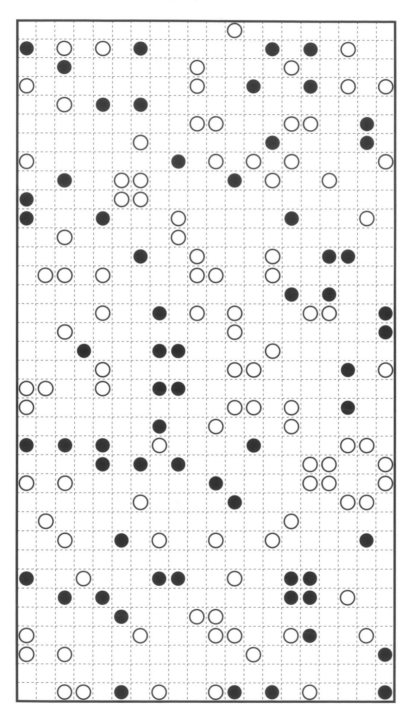

136

137 HARD

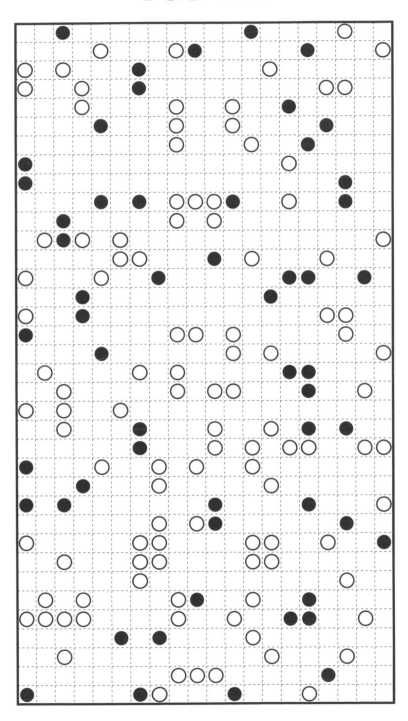

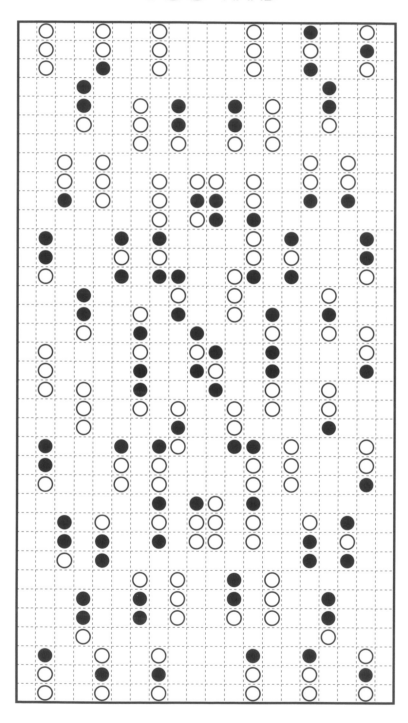

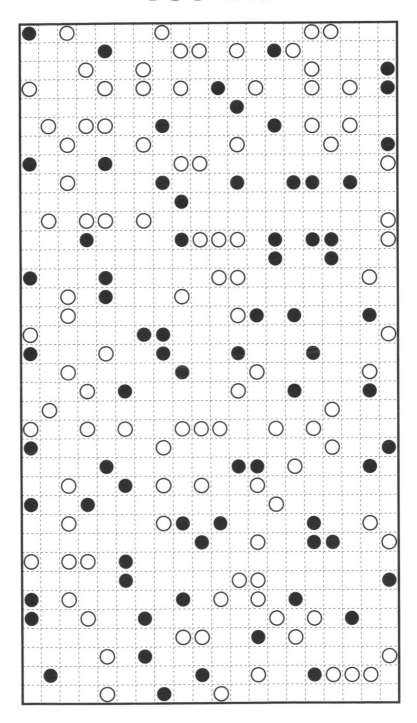

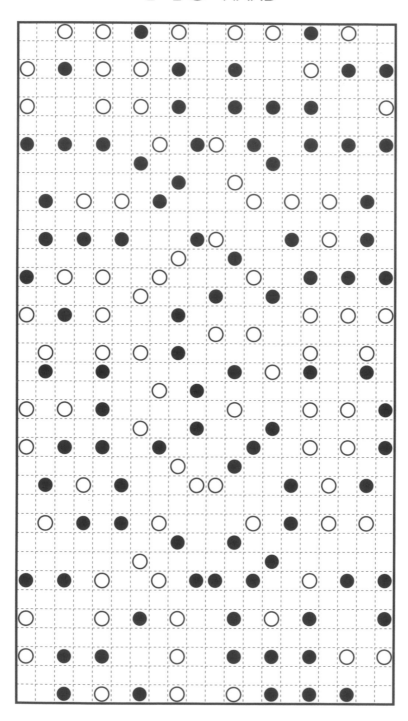

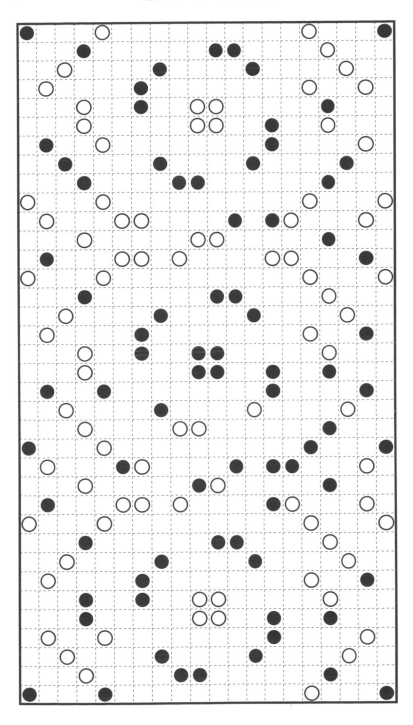

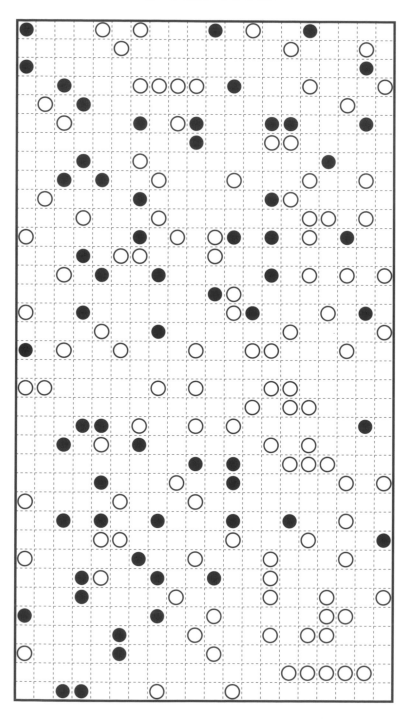

143 HARD

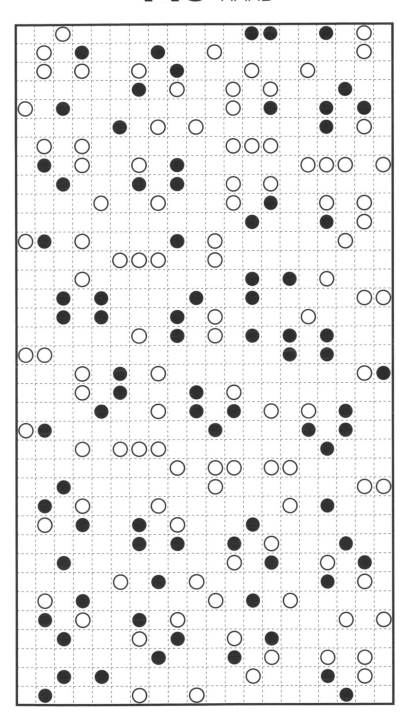

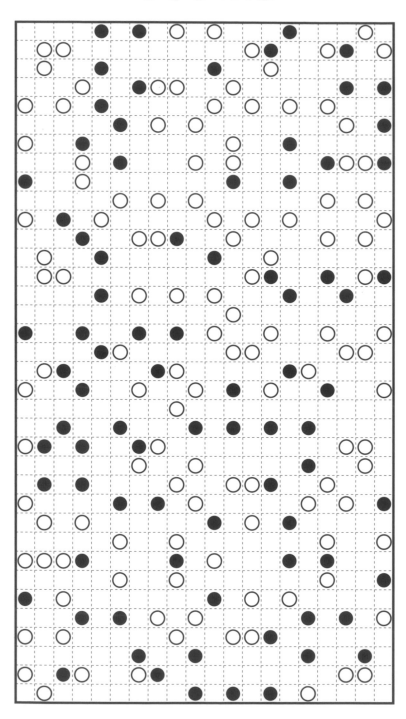

ANSWERS

1

5	2	6	3	7	9	8	4	1
4	7	1	6	8	2	5	3	9
8	9	3	1	4	5	7	2	6
3	6	5	7	9	1	2	8	4
9	1	8	2	5	4	6	7	3
2	4	7	8	3	6	1	9	5
7	5	9	4	6	8	3	1	2
6	3	2	9	1	7	4	5	8
1	8	4	5	2	3	9	6	7

2

4	8	3	9	5	7	2	6	1
7	1	5	2	3	6	4	8	9
9	6	2	8	1	4	7	5	3
2	5	7	3	9	1	8	4	6
3	9	8	4	6	5	1	7	2
6	4	1	7	8	2	3	9	5
5	3	4	1	7	9	6	2	8
8	2	9	6	4	3	5	1	7
1	7	6	5	2	8	9	3	4

3

9	6	7	1	2	5	8	4	3
2	3	1	8	9	4	7	5	6
4	5	8	7	3	6	1	2	9
3	1	9	6	4	7	5	8	2
6	7	4	5	8	2	3	9	1
8	2	5	9	1	3	4	6	7
7	8	2	3	5	9	6	1	4
5	9	3	4	6	1	2	7	8
1	4	6	2	7	8	9	3	5

4

1	8	9	5	6	7	4	3	2
4	2	5	8	3	9	6	1	7
6	7	3	1	2	4	8	9	5
9	5	1	4	7	8	3	2	6
2	4	6	3	5	1	9	7	8
7	3	8	2	9	6	1	5	4
5	1	4	9	8	2	7	6	3
3	9	7	6	4	5	2	8	1
8	6	2	7	1	3	5	4	9

5

1	4	9	8	2	6	3	7	5
5	8	2	3	7	4	6	1	9
7	6	3	1	5	9	2	8	4
3	7	8	2	4	1	9	5	6
4	5	6	9	8	7	1	2	3
2	9	1	6	3	5	7	4	8
6	3	5	4	1	2	8	9	7
8	1	7	5	9	3	4	6	2
9	2	4	7	6	8	5	3	1

6

7	3	9	8	1	5	4	2	6
5	6	1	3	4	2	8	7	9
4	8	2	6	7	9	5	1	3
9	1	5	7	6	3	2	4	8
2	4	3	5	9	8	1	6	7
8	7	6	1	2	4	9	3	5
3	5	4	2	8	6	7	9	1
6	9	7	4	5	1	3	8	2
1	2	8	9	3	7	6	5	4

7

4	9	1	3	7	6	8	2	5
5	7	2	1	4	8	9	6	3
8	3	6	2	9	5	7	1	4
9	5	4	8	1	3	2	7	6
2	8	3	9	6	7	4	5	1
1	6	7	5	2	4	3	8	9
6	4	5	7	8	9	1	3	2
3	1	8	4	5	2	6	9	7
7	2	9	6	3	1	5	4	8

8

7	3	6	5	1	4	9	8	2
9	2	4	6	3	8	1	7	5
5	8	1	9	7	2	6	3	4
4	7	3	1	8	5	2	9	6
6	9	5	2	4	3	7	1	8
8	1	2	7	9	6	4	5	3
1	5	8	4	6	9	3	2	7
2	6	9	3	5	7	8	4	1
3	4	7	8	2	1	5	6	9

9

4	8	3	9	5	7	2	6	1
7	2	1	3	8	6	4	9	5
5	6	9	1	4	2	7	3	8
1	4	6	8	7	9	5	2	3
3	9	8	6	2	5	1	4	7
2	5	7	4	3	1	6	8	9
6	3	4	7	1	8	9	5	2
8	7	2	5	9	4	3	1	6
9	1	5	2	6	3	8	7	4

10

1	2	3	7	6	5	8	9	4
4	7	6	9	8	2	5	3	1
9	5	8	4	1	3	6	7	2
6	8	9	3	4	7	1	2	5
2	1	5	8	9	6	3	4	7
3	4	7	5	2	1	9	6	8
8	3	1	6	7	4	2	5	9
5	9	4	2	3	8	7	1	6
7	6	2	1	5	9	4	8	3

11

6	2	8	7	4	3	9	1	5
5	9	7	2	1	6	8	4	3
1	4	3	8	5	9	6	7	2
4	3	1	6	7	5	2	8	9
9	7	5	4	2	8	3	6	1
8	6	2	3	9	1	7	5	4
2	8	6	1	3	4	5	9	7
3	1	9	5	8	7	4	2	6
7	5	4	9	6	2	1	3	8

12

4	6	1	2	9	3	8	5	7
3	7	5	6	8	4	1	2	9
2	9	8	5	1	7	4	3	6
5	8	4	3	7	9	2	6	1
9	1	3	8	2	6	5	7	4
7	2	6	1	4	5	3	9	8
6	4	2	7	5	8	9	1	3
8	5	7	9	3	1	6	4	2
1	3	9	4	6	2	7	8	5

13

1	5	9	2	6	7	8	3	4
7	2	8	1	4	3	9	5	6
4	6	3	5	8	9	1	2	7
9	1	5	4	7	2	3	6	8
3	8	6	9	5	1	4	7	2
2	7	4	8	3	6	5	9	1
6	4	2	3	9	8	7	1	5
5	9	7	6	1	4	2	8	3
8	3	1	7	2	5	6	4	9

14

1	5	8	4	9	3	7	6	2
2	9	4	6	8	7	1	5	3
3	7	6	2	1	5	8	4	9
7	2	3	9	5	4	6	1	8
4	1	9	7	6	8	3	2	5
8	6	5	3	2	1	9	7	4
9	4	1	8	7	2	5	3	6
5	8	2	1	3	6	4	9	7
6	3	7	5	4	9	2	8	1

15

7	4	2	3	6	5	8	1	9
9	1	6	2	7	8	5	4	3
8	3	5	9	4	1	6	2	7
6	8	3	5	9	2	1	7	4
4	9	1	7	3	6	2	8	5
5	2	7	1	8	4	3	9	6
3	7	8	6	1	9	4	5	2
2	6	4	8	5	7	9	3	1
1	5	9	4	2	3	7	6	8

16

3	9	1	6	8	4	5	7	2
8	2	6	5	7	1	9	4	3
4	5	7	2	3	9	6	8	1
2	3	9	8	1	6	4	5	7
5	6	4	7	2	3	8	1	9
1	7	8	4	9	5	2	3	6
6	4	2	1	5	7	3	9	8
7	8	3	9	4	2	1	6	5
9	1	5	3	6	8	7	2	4

17

9	1	5	4	6	3	2	8	7
8	6	7	5	2	9	3	1	4
4	2	3	8	1	7	5	6	9
7	4	1	3	5	6	8	9	2
3	5	2	9	7	8	6	4	1
6	8	9	2	4	1	7	5	3
2	9	8	1	3	5	4	7	6
1	7	4	6	8	2	9	3	5
5	3	6	7	9	4	1	2	8

18

7	3	1	8	6	4	5	2	9
8	2	4	9	1	5	3	7	6
5	9	6	3	7	2	8	1	4
9	5	8	7	3	6	1	4	2
2	1	3	4	8	9	7	6	5
4	6	7	2	5	1	9	8	3
6	8	2	5	9	7	4	3	1
1	7	5	6	4	3	2	9	8
3	4	9	1	2	8	6	5	7

19

1	8	6	7	3	2	4	5	9
2	5	3	9	6	4	1	8	7
9	7	4	1	8	5	2	3	6
4	1	5	2	9	8	6	7	3
6	9	8	3	1	7	5	4	2
3	2	7	4	5	6	9	1	8
8	4	2	6	7	1	3	9	5
7	3	1	5	2	9	8	6	4
5	6	9	8	4	3	7	2	1

20

7	9	5	3	6	4	2	8	1
6	8	4	2	1	5	9	3	7
1	2	3	8	7	9	6	5	4
5	6	1	7	4	8	3	2	9
2	7	9	5	3	1	4	6	8
3	4	8	6	9	2	1	7	5
4	5	2	1	8	3	7	9	6
9	3	6	4	5	7	8	1	2
8	1	7	9	2	6	5	4	3

21

9	4	8	2	7	3	6	1	5
1	5	7	9	6	8	4	3	2
2	3	6	1	5	4	9	7	8
5	1	4	7	9	2	8	6	3
3	6	2	4	8	1	7	5	9
7	8	9	6	3	5	2	4	1
4	2	5	8	1	6	3	9	7
8	9	3	5	4	7	1	2	6
6	7	1	3	2	9	5	8	4

22

1	3	9	6	7	5	8	2	4
8	4	6	2	9	3	1	7	5
7	5	2	8	4	1	9	6	3
3	9	8	5	6	2	4	1	7
6	7	4	3	1	9	2	5	8
2	1	5	7	8	4	6	3	9
9	8	7	1	5	6	3	4	2
4	2	1	9	3	7	5	8	6
5	6	3	4	2	8	7	9	1

23

3	8	4	5	2	6	7	1	9
1	2	7	8	4	9	5	3	6
9	5	6	7	3	1	2	8	4
5	7	2	4	8	3	9	6	1
8	6	9	1	7	5	4	2	3
4	3	1	9	6	2	8	7	5
7	9	8	3	1	4	6	5	2
6	1	5	2	9	8	3	4	7
2	4	3	6	5	7	1	9	8

24

5	1	8	9	7	4	6	3	2
9	6	3	8	1	2	7	4	5
7	4	2	5	3	6	8	9	1
3	5	6	4	9	7	1	2	8
1	7	9	2	5	8	4	6	3
2	8	4	3	6	1	9	5	7
4	9	5	7	8	3	2	1	6
8	2	1	6	4	5	3	7	9
6	3	7	1	2	9	5	8	4

25

5	8	1	4	6	2	7	9	3
4	9	7	8	3	5	2	1	6
3	2	6	9	7	1	5	8	4
6	5	8	1	4	3	9	7	2
1	7	9	5	2	6	3	4	8
2	4	3	7	8	9	6	5	1
8	6	4	2	5	7	1	3	9
7	1	2	3	9	4	8	6	5
9	3	5	6	1	8	4	2	7

26

9	1	2	4	5	7	3	8	6
8	4	6	3	1	9	7	5	2
5	3	7	8	2	6	4	9	1
1	9	8	2	7	4	5	6	3
7	5	4	6	3	1	8	2	9
6	2	3	5	9	8	1	4	7
4	7	1	9	6	5	2	3	8
3	8	9	7	4	2	6	1	5
2	6	5	1	8	3	9	7	4

27

5	7	1	6	3	9	8	4	2
9	8	4	1	2	5	3	6	7
2	3	6	4	8	7	1	9	5
4	5	2	7	1	3	9	8	6
8	6	3	9	4	2	7	5	1
1	9	7	5	6	8	4	2	3
3	1	5	8	9	6	2	7	4
7	2	9	3	5	4	6	1	8
6	4	8	2	7	1	5	3	9

28

8	3	5	2	6	4	9	1	7
2	4	6	9	7	1	5	8	3
9	1	7	5	3	8	4	6	2
6	2	4	8	9	7	1	3	5
7	9	3	4	1	5	6	2	8
1	5	8	6	2	3	7	9	4
5	8	1	3	4	9	2	7	6
3	6	9	7	5	2	8	4	1
4	7	2	1	8	6	3	5	9

29

9	2	1	6	4	5	8	7	3
6	3	4	8	2	7	9	1	5
5	7	8	3	1	9	6	4	2
8	9	3	4	7	1	2	5	6
1	5	6	2	8	3	7	9	4
2	4	7	5	9	6	1	3	8
3	1	5	9	6	8	4	2	7
7	6	2	1	5	4	3	8	9
4	8	9	7	3	2	5	6	1

30

6	9	8	5	3	2	4	1	7
2	4	5	1	9	7	6	3	8
3	7	1	4	8	6	2	9	5
7	1	4	8	2	3	9	5	6
9	8	3	6	5	1	7	4	2
5	6	2	9	7	4	3	8	1
4	5	6	2	1	9	8	7	3
1	3	9	7	6	8	5	2	4
8	2	7	3	4	5	1	6	9

31

1	8	6	9	4	5	7	2	3
3	2	7	1	8	6	5	4	9
9	5	4	3	2	7	1	6	8
7	4	9	2	5	1	8	3	6
8	6	1	4	7	3	2	9	5
5	3	2	8	6	9	4	7	1
6	1	8	7	3	4	9	5	2
4	9	5	6	1	2	3	8	7
2	7	3	5	9	8	6	1	4

32

1	3	4	9	5	6	2	7	8
7	9	6	8	2	3	1	5	4
8	5	2	7	1	4	9	6	3
5	6	7	4	8	1	3	2	9
3	4	1	2	6	9	5	8	7
9	2	8	5	3	7	4	1	6
2	7	5	3	9	8	6	4	1
4	1	3	6	7	2	8	9	5
6	8	9	1	4	5	7	3	2

33

5	2	9	8	1	7	4	6	3
4	6	8	3	2	5	1	9	7
1	7	3	6	4	9	5	8	2
7	3	5	4	8	1	9	2	6
8	1	6	2	9	3	7	5	4
9	4	2	7	5	6	3	1	8
2	9	4	1	7	8	6	3	5
6	8	1	5	3	4	2	7	9
3	5	7	9	6	2	8	4	1

34

4	7	1	3	5	6	8	2	9
9	5	6	1	2	8	3	4	7
3	8	2	4	7	9	1	6	5
6	1	3	2	9	4	7	5	8
2	9	5	6	8	7	4	3	1
8	4	7	5	1	3	6	9	2
5	2	4	7	6	1	9	8	3
7	3	9	8	4	5	2	1	6
1	6	8	9	3	2	5	7	4

35

4	9	8	1	5	2	6	7	3
2	1	3	6	9	7	4	5	8
5	6	7	3	8	4	1	9	2
1	5	2	9	3	8	7	4	6
7	4	9	2	1	6	8	3	5
8	3	6	4	7	5	2	1	9
9	8	4	5	2	1	3	6	7
3	2	1	7	6	9	5	8	4
6	7	5	8	4	3	9	2	1

36

8	5	3	4	2	9	7	6	1
7	4	2	3	6	1	9	8	5
9	1	6	5	7	8	4	2	3
5	3	8	9	1	7	6	4	2
1	6	7	2	8	4	3	5	9
4	2	9	6	3	5	1	7	8
2	9	4	7	5	3	8	1	6
3	8	5	1	4	6	2	9	7
6	7	1	8	9	2	5	3	4

37

1	6	4	2	7	8	9	3	5
5	2	9	6	1	3	4	7	8
7	8	3	9	4	5	1	2	6
9	5	7	4	3	1	8	6	2
8	4	6	7	5	2	3	9	1
2	3	1	8	9	6	5	4	7
6	9	8	5	2	4	7	1	3
3	7	5	1	6	9	2	8	4
4	1	2	3	8	7	6	5	9

38

4	5	1	3	9	8	6	2	7
6	7	3	2	4	1	5	8	9
8	9	2	6	7	5	4	1	3
2	4	9	8	1	3	7	6	5
5	8	7	9	2	6	3	4	1
1	3	6	7	5	4	2	9	8
7	1	8	5	6	2	9	3	4
3	2	5	4	8	9	1	7	6
9	6	4	1	3	7	8	5	2

39

4	7	9	2	6	3	1	5	8
1	3	5	8	9	4	2	7	6
6	2	8	5	7	1	4	9	3
9	4	3	1	8	7	6	2	5
5	6	1	3	2	9	8	4	7
7	8	2	4	5	6	3	1	9
2	5	6	9	4	8	7	3	1
3	9	7	6	1	2	5	8	4
8	1	4	7	3	5	9	6	2

40

8	2	4	3	7	6	9	1	5
3	9	1	2	8	5	4	6	7
5	6	7	1	4	9	2	3	8
1	3	6	9	5	7	8	2	4
9	5	8	4	6	2	1	7	3
4	7	2	8	1	3	5	9	6
7	8	9	5	3	1	6	4	2
2	4	3	6	9	8	7	5	1
6	1	5	7	2	4	3	8	9

41

9	8	5	7	1	4	3	2	6
4	3	6	9	2	8	7	1	5
2	7	1	3	5	6	9	4	8
7	2	9	6	3	1	8	5	4
6	5	8	4	9	7	1	3	2
3	1	4	5	8	2	6	7	9
1	9	7	8	4	5	2	6	3
8	4	2	1	6	3	5	9	7
5	6	3	2	7	9	4	8	1

42

9	5	6	8	4	1	2	3	7
7	1	4	3	9	2	8	5	6
3	2	8	5	7	6	9	4	1
6	7	5	2	3	4	1	8	9
8	4	2	9	1	7	5	6	3
1	3	9	6	8	5	7	2	4
2	6	7	4	5	9	3	1	8
4	9	3	1	2	8	6	7	5
5	8	1	7	6	3	4	9	2

43

9	5	8	1	6	7	4	2	3
2	6	3	5	8	4	9	7	1
4	7	1	9	3	2	8	6	5
3	9	7	6	4	1	5	8	2
6	1	2	8	5	3	7	9	4
8	4	5	2	7	9	1	3	6
5	3	9	4	2	8	6	1	7
7	8	4	3	1	6	2	5	9
1	2	6	7	9	5	3	4	8

44

6	9	1	7	3	5	2	8	4
2	5	7	8	4	6	3	1	9
8	4	3	9	1	2	6	5	7
5	8	2	6	7	9	1	4	3
1	3	9	5	2	4	8	7	6
7	6	4	1	8	3	5	9	2
3	2	8	4	9	1	7	6	5
9	7	6	3	5	8	4	2	1
4	1	5	2	6	7	9	3	8

45

4	8	5	3	7	2	6	9	1
9	2	7	6	1	5	4	3	8
3	6	1	8	4	9	2	7	5
6	4	9	2	3	1	5	8	7
7	3	2	5	6	8	9	1	4
5	1	8	7	9	4	3	6	2
8	7	4	9	2	6	1	5	3
2	5	6	1	8	3	7	4	9
1	9	3	4	5	7	8	2	6

46

6	2	8	4	1	5	7	3	9
1	7	3	8	2	9	5	6	4
5	4	9	6	7	3	2	8	1
3	6	2	5	4	8	1	9	7
4	9	5	7	3	1	8	2	6
8	1	7	9	6	2	3	4	5
7	3	6	1	8	4	9	5	2
9	8	1	2	5	6	4	7	3
2	5	4	3	9	7	6	1	8

47

3	6	4	8	7	9	1	2	5
2	8	9	4	5	1	3	6	7
7	1	5	2	3	6	8	9	4
4	5	7	3	9	8	6	1	2
6	2	8	5	1	4	7	3	9
9	3	1	7	6	2	5	4	8
8	7	6	9	4	3	2	5	1
1	4	2	6	8	5	9	7	3
5	9	3	1	2	7	4	8	6

48

4	8	7	2	3	5	6	1	9
5	1	9	6	4	8	2	7	3
6	3	2	1	9	7	5	8	4
3	7	5	8	1	2	9	4	6
9	2	8	4	5	6	1	3	7
1	6	4	9	7	3	8	2	5
2	4	1	7	6	9	3	5	8
8	5	6	3	2	4	7	9	1
7	9	3	5	8	1	4	6	2

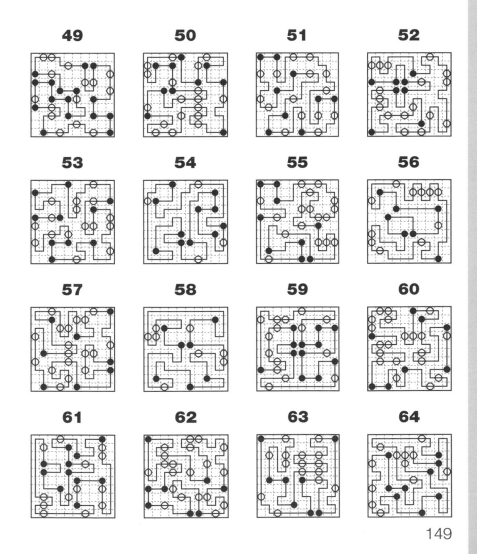

49   50   51   52

53   54   55   56

57   58   59   60

61   62   63   64

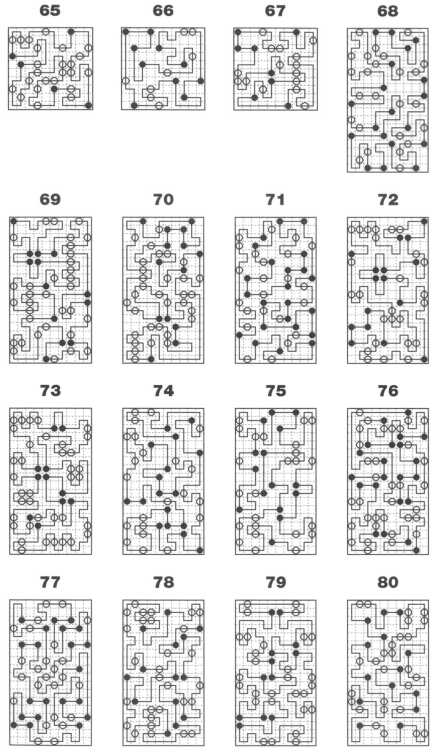

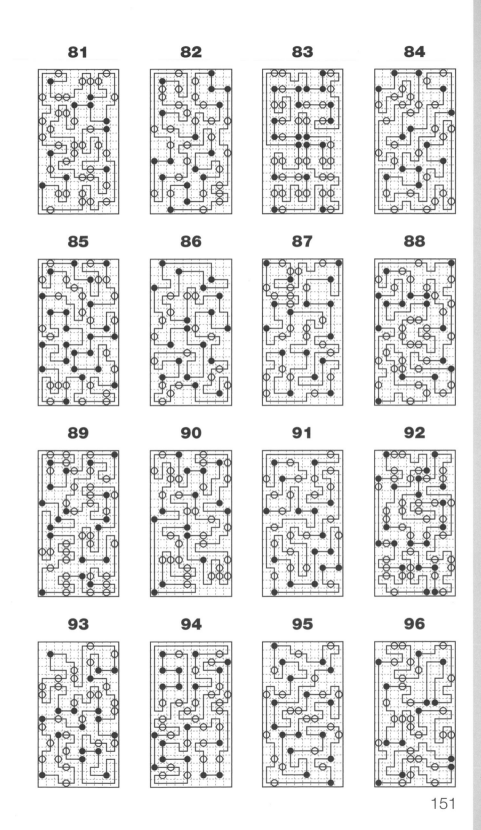

81   82   83   84

85   86   87   88

89   90   91   92

93   94   95   96

151

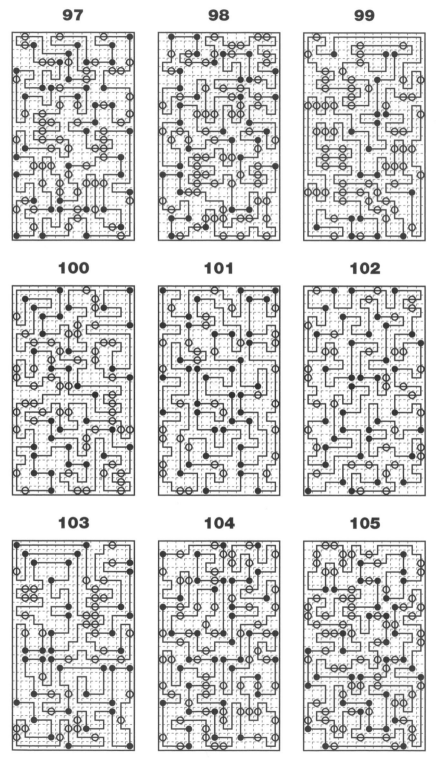

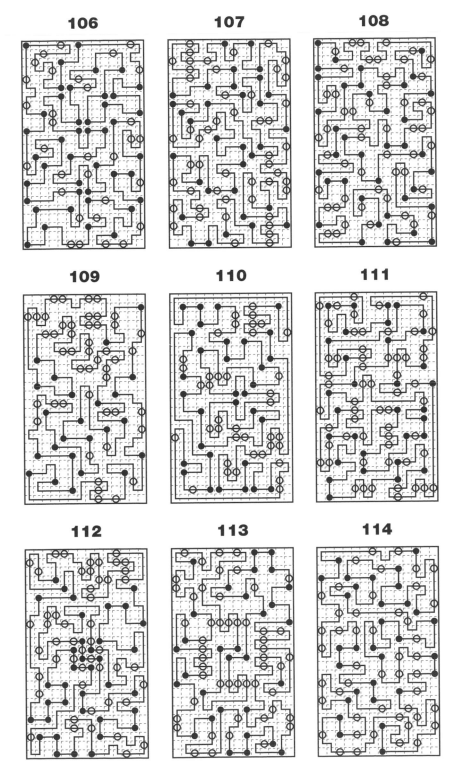

153

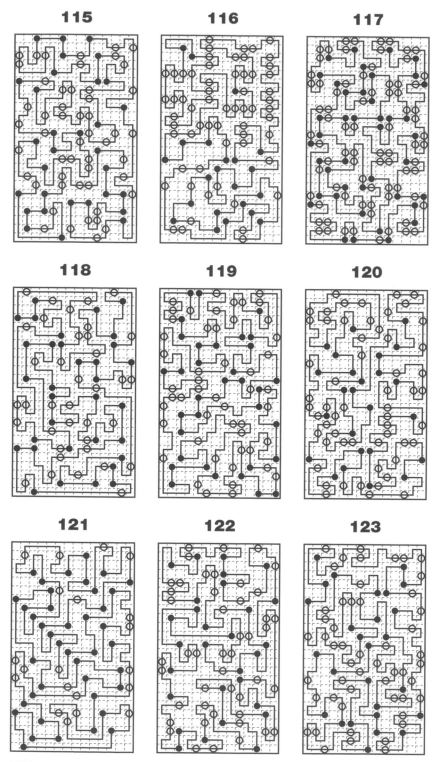

115   116   117

118   119   120

121   122   123

154

124 **125** **126**

127 **128**

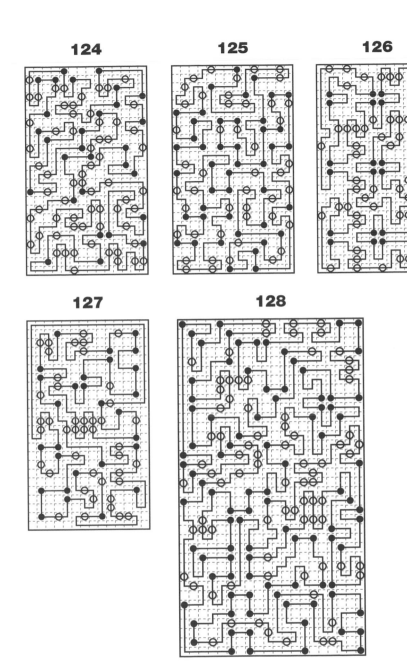

129

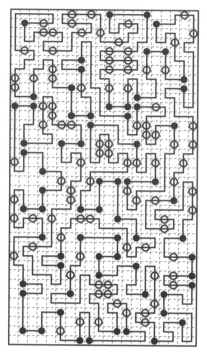

130

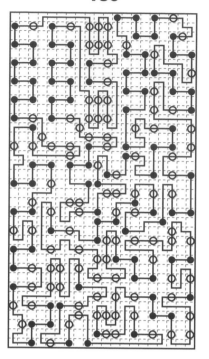

131

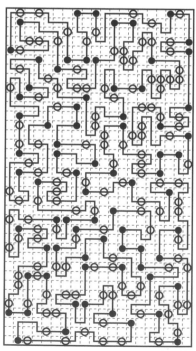

132

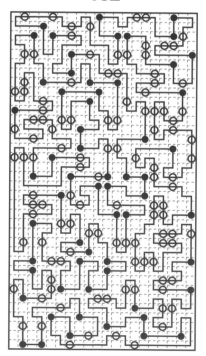

156

133

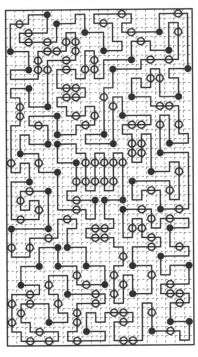

134

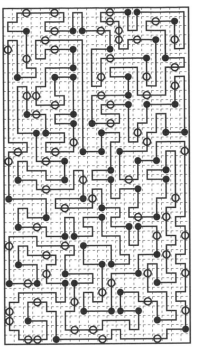

135

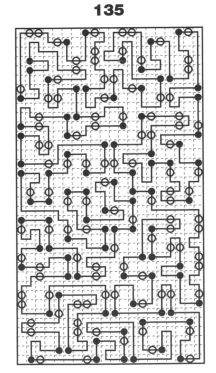

136

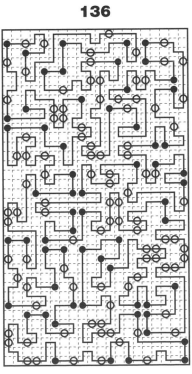

137

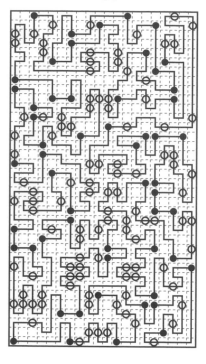

138

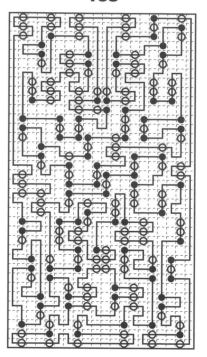

139

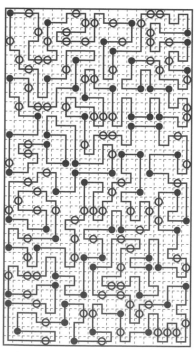

140

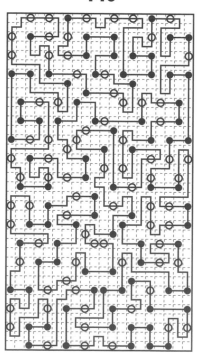

141

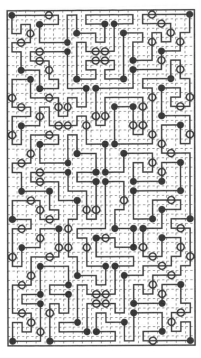

142

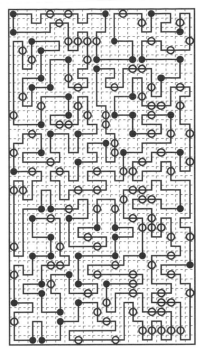

143

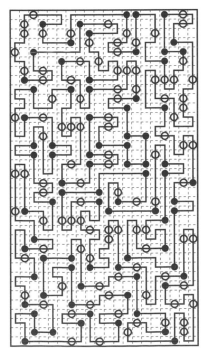

144

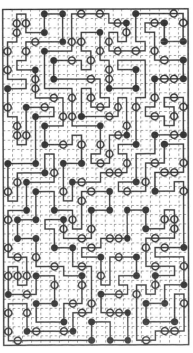

ALSO AVAILABLE